당신의 꿈을 이루어 주는
실제적인 안내서

성공을 부르는
일곱 가지
영적 법칙

THE SEVEN SPIRITUAL LAWS OF SUCCESS
:A Practical Guide to the Fulfillment of your Dreams

Copyright ⓒ 1994 by Deepak Chopra
Original English Language Co-Publication 1994 by New World Library
and Amber-Allen Publishing in California, USA
All rights reserved

Korean translation copyright ⓒ 2008 by SRI KRISHNA DASS ASHRAM
Korean translation rights arranged with InterLicense, Ltd.
through EYA(Eric Yang Agency).

이 책의 한국어판 저작권은 EYA (Eric Yang Agency)을 통한
InterLicense, Ltd사와의 독점계약으로 한국어 판권을
'슈리 크리슈나 다스 아쉬람'이 소유합니다.
저작권법에 의하여 한국 내에서 보호를 받는 저작물이므로
무단전재와 복제를 금합니다.

당신의 꿈을 이루어 주는
실제적인 안내서

성공을 부르는
일곱 가지
영적 법칙

디팩 초프라 지음 | 김병채 옮김

 슈리 크리슈나 다스 아쉬람

성공을 부르는
일곱 가지
영적 법칙

초판 1쇄 발행 2010년 10월 20일
초판 7쇄 발행 2023년 12월 28일

지은이 디팩 초프라
옮긴이 김병채
펴낸이 황정선
펴낸곳 슈리 크리슈나 다스 아쉬람
출판등록 2003년 7월 7일 제62호
주소 경남 창원시 의창구 북면 신리길35번지 12-12
대표전화 (055) 299-1399
팩시밀리 (055) 299-1373
전자우편 krishnadass@hanmail.net
카 페 cafe.daum.net/Krishnadas

ISBN 978-89-91596-31-3   03320

Printed in Korea

* 책값은 뒤표지에 있습니다.
* 잘못 만들어진 책은 바꾸어 드립니다.

깊고 강렬한 소망이 당신을 이룹니다.

소망이 의지를 일으키고,

의지가 행위를 일으키며,

행위가 당신의 운명이 됩니다.

브리하다란야까 우빠니샤드 4장 4편, 4-5

목차 · **성공**을 부르는 **일곱** 가지 **영적 법칙**

머리말

1장
순수 잠재력의 법칙 • 15

2장
베풂의 법칙 • 33

3장
까르마의 법칙 • 45
(인과의 법칙)

4장

최소 노력의 법칙 • 59

5장

의도와 소망의 법칙 • 73

6장

초연의 법칙 • 89

7장

다르마의 법칙 • 101

(삶의 목적의 법칙)

감사의 글

다음 분들에게 사랑과 감사를 표현하고 싶습니다.

이 책을 구상하고 완성에 이르기까지 애정 어린 도움을 준 자넷 밀스.

일곱 가지 영적 법칙의 살아 있는 표현이라 할 수 있는 리따 초프라, 말리까 초프라, 그리고 가우따마 초프라.

대단히 멋지고 영감을 주고 원대하며 고귀하고 삶을 변화시키는 비전을 위해 용기 있게 헌신해 온 레이 체임버스, 게일 로즈, 올리비아 해리슨, 나오미 주도, 데미 무어 그리고 앨리스 월튼.

심신 의학을 위한 샤프 센터에서 일하면서 우리의 모든 고

객과 환자에게 용기를 주는 살아 있는 본보기들인 로저 가브리엘, 브렌트 베크바, 로즈 부에노 머피, 그리고 나의 모든 스탭들.

지칠 줄 모르는 에너지와 헌신으로 일하는 퀀텀 출판사의 디팩 싱과 기타 싱, 그리고 나의 모든 스탭들.

자기탐구의 훌륭한 모범인 리차드 펄.

참나 지식에 대한 굳건한 믿음을 지니고 수많은 사람들의 삶을 변화시키는 데 헌신하며 열정을 전파해 온 아리엘 포드.

마지막으로, 나를 이해해 주고 우정을 지켜 온 빌 엘커스.

머리말

  이 책의 제목은 《성공을 부르는 일곱 가지 영적 법칙》이지만, '삶의 일곱 가지 영적 법칙'이라고 할 수도 있습니다. 왜냐하면 자연은 똑같은 이 원리들을 이용하여, 우리가 보고 듣고 맛보고 냄새 맡고 감촉할 수 있는 모든 것, 물질적으로 존재하는 모든 것을 창조하기 때문입니다.

  《풍요의 창조(Creating Affluence)》라는 책에서 나는 자연의 작용에 대한 바른 이해를 기본으로 하여 삶을 풍요롭게 하는 의식에 이르는 단계들을 설명했는데, 그 가르침의 정수가 바로 '성공을 부르는 일곱 가지 영적 법칙' 입니다. 이 법칙들을 충분히 이해하여 자신의 것으로 흡수하면 힘들이지 않고 쉽게 무한한 풍요를 창조할 수 있으며, 노력하는 일마다 성공을 거둘 수 있을 것입니다.

인생에서 성공이란 가치 있는 목표들을 점점 더 실현해 가고 점점 더 행복해지는 것이라고 말할 수 있습니다. 성공이란 자신이 원하는 바를 힘들이지 않고 쉽게 이룰 수 있는 능력을 말합니다. 그런데 사람들은 부유해지는 것뿐만 아니라 어느 분야에서든지 성공하려면 힘들게 노력해야만 한다고 줄곧 여겨 왔고, 때로는 다른 사람들까지 희생시켜야 한다고 믿기도 했습니다.

이제 우리는 성공과 풍요에 대해 좀 더 영적으로 바라볼 필요가 있습니다. 성공과 풍요란 모든 좋은 것들이 당신에게 흘러들어 오는 풍요로운 흐름입니다. 영적인 법칙을 바르게 이해하고 활용하면, 우리는 자연과 조화를 이루면서 아무런 걱정 없이 기쁨과 사랑으로 원하는 것들을 창조하게 됩니다.

성공에는 여러 측면이 있습니다. 물질적인 부유함은 성공의 한 요소일 뿐입니다. 더욱이 성공은 종착지가 아니라 여정입니다. 물론 물질적인 풍요는 이 여정을 더욱 즐겁게 만드는 것들 가운데 하나입니다. 하지만 성공에는 이 밖에도 좋은 건강과 활력, 삶에 대한 열정, 좋은 인간관계, 창조적인 자유, 정서적·심리적 안정, 행복감, 평화로운 마음 등이 포함됩니다.

하지만 이 모든 것을 누리더라도 우리 안에 있는 신성(神性)의 씨앗들을 성장시키지 않으면, 우리는 여전히 충족감을 느끼지 못할 것입니다. 사실, 우리는 모습을 변장하고 있는 신성이며, 우리 내면에 있는 그 신성은 완전히 실현되기를 기다리고 있습니다. 따라서 진정한 성공이란 경이로움을 경험하는 것이며, 그것은 우리 안의 신성이 펼쳐지는 것입니다. 그것은 우리가 어디에서 무엇을 감지하든 그 모든 것 안에서, 이를테면 어린아이의 눈 속에서, 꽃의 아름다움 속에서, 새의 비행 속에서 신성을 감지하는 것입니다. 우리의 삶을 신성의 경이로운 표현으로 늘 경험할 때, 우리는 성공의 진정한 의미를 알게 됩니다.

* * *

성공을 부르는 일곱 가지 영적 법칙에 대해 설명하기 전에, 먼저 '법칙'의 개념이 무엇인지 얘기해 보겠습니다. 법칙이란 드러나지 않은 것을 드러나게 하는 과정입니다. 관찰자가 관찰 대상이 되고, 보는 자가 보이는 것이 되게 하는 과정입니다. 꿈꾸는 자가 꿈으로 드러나는 것도 역시 법칙이라는 과정을 통해서입니다.

물질계에 존재하는 모든 피조물은 드러나지 않은 것이 스스로를 드러난 것으로 변형시킨 결과물입니다. 우리가 보는 모든 것은 알려지지 않은 것으로부터 나옵니다. 우리가 감각 기관을 통해 지각할 수 있는 모든 것, 우리의 신체와 물질적 우주를 포함한 모든 것은 드러나지 않은 것, 알려지지 않은 것, 보이지 않는 것이 드러난 것, 알려진 것, 보이는 것으로 변형된 것입니다.

물질적 우주는 사실 자기 자신을 영(靈), 마음, 물질로 경험하기 위해 자기 안에서 자기로 돌아오는 참나에 다름 아닙니다. 다시 말해, 창조의 모든 과정은 참나 혹은 신성이 자기를 표현하는 과정인 것입니다. 움직이는 의식은 삶이라는 영원한 춤 안에서 우주의 대상들로 자기를 표현합니다.

모든 창조의 근원은 신성(혹은 영)이며, 창조의 과정은 신성의 움직임(혹은 마음)이고, 창조의 대상은 (신체를 포함한) 물질적 우주입니다. 실재를 구성하는 이 세 가지 요소— 영·마음·몸, 또는 관찰자·관찰 과정·관찰 대상—은 본질적으로 같은 것입니다. 그것들은 모두 같은 자리, 곧 전혀 드러나지 않은 순수한 잠재력의 장에서 나옵니다.

우주의 물리적인 법칙들은 실제로는 신성이 움직이는, 혹은 의식이 움직이는 이러한 전체 과정입니다. 이런 법칙들을 이해하고 우리의 삶에 적용할 때, 우리가 원하는 것은 무엇이나 창조될 수 있습니다. 자연이 숲이나 은하계, 별, 인간의 몸을 창조할 때 사용하는 동일한 법칙들이 우리의 가장 깊은 소망들도 이루어 줄 수 있기 때문입니다.

이제 성공을 부르는 일곱 가지 영적 법칙을 살펴보고, 이 법칙들을 우리의 삶에 적용하는 방법을 알아보겠습니다.

Chapter_1

순수 잠재력의 법칙

The Law of Pure Potentiality

모든 창조의 근원은 순수 의식입니다.
드러나지 않은 것을 드러난 것으로 표현하려 하는
순수 잠재력입니다.

우리의 진정한 참나가
순수 잠재력을 지닌 존재임을 깨달을 때,
우리는 우주의 모든 것을
드러나게 하는 힘과 조율됩니다.

태초에는
존재도 없고 비존재도 없었으며,
이 모든 세상은 드러나지 않은 에너지였습니다.

그 자신의 힘으로
숨 없이도 숨을 쉬는 자,
그 이외에는 아무것도 없었습니다.

-《리그 베다》, 창조의 찬가 중에서

성공을 부르는 첫 번째 영적 법칙은 '순수 잠재력의 법칙'입니다. 이 법칙은 우리가 본질적인 상태에서는 순수 의식이라는 사실에 바탕을 두고 있습니다. 순수 의식은 곧 순수 잠재력입니다. 그것은 모든 가능성과 무한한 창조성의 장입니다. 순수 의식은 우리의 영적 본질입니다. 무한하고 자유로운 그것은 또한 순수한 기쁨입니다. 순수한 앎, 무한한 고요, 완전한 균형, 불변함, 단순함, 희열은 의식의 다른 성품들입니다. 이것은 우리의 본성입니다. 우리의 본성은 바로 순수 잠재력입니다.

자신의 본성을 발견하고 자신이 진정 누구인지를 알게 될 때, 그렇게 아는 것 자체만으로 우리는 모든 꿈을 이룰 수 있는 능력을 얻게 됩니다. 우리 자신이 바로 과거에 존재했고, 현재 존재하며, 미래에 존재할 모든 것의 무한한 잠재력이며 영원한 가능성이기 때문입니다. 순수 잠재력의 법칙은 '하나'의 법칙이라고도 할 수 있습니다. 생명이 취하는 무한히 다양한 모습들의 저변에는 모든 것에 퍼져 있는 하나의 영(靈)이 있기 때문입니다. 우리와 이 에너지 장은 서로 분리되어 있지 않습니다. 순수 잠재력의 장이 곧 우리 자신의 참나입니다. 따라서 자신의 진정한 본성을 더 많이 경험할수록 순수 잠재력의 장에 더 가까이 다가가게 됩니다.

참나를 경험하는 것 혹은 '자기 참조'는 우리 내면의 기준점이 우리가 경험하는 대상들이 아니라 우리 자신의 영이라는 뜻입니다. 자기 참조의 반대는 대상 참조입니다. 대상을 참조할 때, 우리는 상황, 환경, 사람, 사물 등 참나 바깥의 대상들에 의해 늘 영향을 받습니다. 그리고 끊임없이 다른 사람들에게 인정받으려고 하며, 언제나 그들의 반응을 기대하면서 생각하고 행동합니다. 따라서 대상 참조의 바탕에는 두려움이 깔려 있습니다.

대상을 참조할 때, 우리는 외부 세계를 통제하고 외적인 힘을 가지려는 강력한 욕구를 느낍니다. 인정받으려는 욕구, 외부 세계를 통제하려는 욕구, 외적인 힘을 가지려는 욕구는 두려움에서 비롯된 욕구들입니다. 이런 종류의 힘은 순수 잠재력의 힘도 아니고, 참나의 힘도 아니며, 진정한 힘도 아닙니다. 우리가 참나의 힘을 경험할 때는 두려움이 없고, 통제하려는 욕망이 없으며, 인정을 받거나 외적인 힘을 가지려는 노력도 없습니다.

대상을 참조할 때, 우리 내면의 기준점은 우리의 에고입니다. 하지만 에고는 진정한 우리 자신이 아닙니다. 에고는 우리의 자아 이미지이며, 우리가 쓰고 있는 사회적인 가면이며, 우리가 연기하고 있는 배역에 불과합니다. 이 사회적인 가면은 다른 사람들의 인정을 먹고 자랍니다. 그것은 통제하기를 원하며 힘에 의해 유지됩니다. 사회적인 가면은 두려움 속에서 살기 때문입니다.

우리의 영이자 영혼인 진정한 참나는 이런 것들로부터 완전히 자유롭습니다. 우리의 참나는 어떠한 비판에도 영향 받지 않으며, 어떠한 도전도 두려워하지 않으며, 어느 누구에 비해 열등하다고 느끼지도 않습니다. 하지만 동시에 겸손하며, 어느 누구에 비해 우월하다고 느끼지도 않습니다. 모든 존재가 저마다 다른 모습들로 변장하고 있지만 실은 똑같은 참나이며 똑같은 영이라는 것을 알기 때문입니다.

대상 참조와 자기 참조에는 근본적인 차이가 있습니다. 자기를 참조할 때, 우리는 자신의 진정한 존재를 경험합니다. 그 존재는 어떠한 도전도 두려워하지 않으며, 모든 사람을 존중하고, 어느 누구에 비해 열등하다고 느끼지 않습니다. 따라서 참나의 힘은 진정한 힘입니다.

하지만 대상 참조에 바탕을 둔 힘은 거짓된 힘입니다. 그것은 에고에 기반을 둔 힘이기 때문에 기준이 되는 대상이 있는 동안에만 지속됩니다. 예를 들어, 당신이 대통령이나 사장이라는 직함을 가지고 있거나 굉장히 많은 돈을 소유하고 있다면, 당신이 누리는 그 힘은 그 직함이나 돈에 속합니다. 에고에 기반을 둔 힘은 오로지 그런 것들이 지속되는 동안에만 지속될 것입니다. 그런 직함이나 일자리, 돈이 사라지면, 그 힘도 함께 사라집니다.

반면에 참나의 힘은 영속적입니다. 그 바탕에는 참나에 대한 앎이 있기 때문입니다. 참나의 힘에는 분명한 특징들이 있습니다. 그 힘은 사람들을 우리에게로 끌어들이며, 우리가 원하는 것들도 우리에게로 끌어들입니다. 우리가 원하는 것을 이루도록 돕기 위해 사람들과 상황들, 환경까지 자석처럼 끌어들이는 것입니다. 이를 자연의 법칙이 돕는다고 할 수도 있습니다. 그것은 신성의 도움이며, 은총의 상태에 있을 때 오는 도움입니다. 그런 힘이 있을 때 우리는 사람들과의 유대를 즐기며, 사람들은 우리와의 유대를 즐깁니다. 우리의 힘은 유대의 힘이며, 참된 사랑에서 나오는 유대의 힘입니다.

* * *

모든 가능성의 장인 순수 잠재력의 법칙을 어떻게 하면 일상생활에 적용할 수 있을까요? 순수 잠재력의 장이 주는 혜택들을 누리고 싶다면, 그리고 순수 의식에 내재된 창조성을 충분히 활용하고 싶다면, 우리는 순수 잠재력의 장으로 다가가야 합니다. 그 장으로 다가가는 한 가지 방법은 침묵, 명상, 분별하지 않음을 날마다 실천하는 것입니다. 자연 속에서 시간을 보내는 것도 무한한 창조성과 자유, 희열 등 그 장에 내재된 성질들에 다가가게 합니다.

침묵을 실천한다는 것은 일정 시간 동안 아무것도 하지 않고 그냥 가만히 있는 것을 의미합니다. 주기적으로 아무 말도 하지 않으면서 침묵을 경험합니다. 이때는 텔레비전 시청이나 라디오 청취, 독서 등의 활동까지 그만둡니다. 침묵을 경험할 기회를 갖지 않으면 머릿속에서 생각들이 소용돌이칠 수 있습니다.

그러니 틈틈이 잠시라도 시간을 내어 침묵을 경험해 보십시오. 날마다 일정한 시간 동안 침묵을 지키는 것도 좋습니다. 두 시간 정도가 좋겠지만, 그 시간이 너무 길게 느껴지거나 사정이 여의치 않으면 한 시간 동안이라도 해 보세요. 가끔은 시간을 더 늘려 하루나 이틀 동안 침묵을 경험해 보시기 바랍니다. 일주일 동안 해 볼 수도 있습니다.

이처럼 침묵을 경험할 때는 무슨 일이 일어날까요? 처음에는 머릿속의 생각들이 오히려 더 심하게 소용돌이칩니다. 말하고 싶은 욕구가 강하게 일어날 것입니다. 침묵하는 기간을 늘렸을 때 처음 하루나 이틀 동안은 미칠 것 같은 기분에 사로잡힌 사람들도 있습니다. 돌연 절박감과 불안감에 휩싸이기도 합니다. 하지만 그런 감정들을 경험하면서도 계속 침묵을 지키면, 머릿속의 생각들은 점차 가라앉게 됩니다. 그리고 곧 침묵이 더 깊어집니다. 어느 정도 지나면 마음이 포기하기 때문입니다. 참나이며 영이며 선택자인 우리가 말하지 않을 것이라는 점을 알아차리면, 마음은 같은 자리를 계속 맴도는 것이 소용없는 일임을 깨닫게 됩니다. 그러면 머릿속의 생각들이 잦아들면서 우리는 순수 잠재력의 장에 있는 고요함을 경험하기 시작합니다.

여건이 허락하는 한 정기적으로 침묵을 실천하는 것은 순수 잠재력의 법칙을 경험하는 하나의 방법입니다. 날마다 시간을 내어 명상을 하는 것도 좋은 방법입니다. 적어도 아침에 30분, 저녁에 30분씩 명상을 하는 것이 좋습니다. 꾸준히 명상을 하다 보면 순수한 침묵과 순수한 자각의 장을 경험하는 법을 알게 됩니다. 무한한 상호 관련의 장, 무한한 조직력의 장, 모든 것이 분리될 수 없이 서로 연결되어 있는 창조의 궁극적인 바탕이 이 순수한 침묵의 장 안에 있습니다.

'의도와 소망의 법칙'이라는 다섯 번째 영적 법칙에서는 의도의 미약한 욕구를 이 장에 심는 법을 배울 것입니다. 그 방법을 터득하면 우리가 원하는 것들은 저절로 창조될 것입니다. 하지만 먼저 고요함을 경험해야 합니다. 고요함은 우리의 소망을 실현시키기 위해 필요한 첫 번째 조건입니다. 우리를 위해 무한히 많은 세부 사항들을 조율시킬 수 있는 것은 순수 잠재력의 장이며, 우리는 고요함 안에서 이 장과 연결되기 때문입니다.

고요한 연못에 작은 돌멩이를 던진 뒤 잔물결이 이는 모습을 지켜본다고 상상해 보세요. 잠시 후 물결들이 가라앉으면, 다시 돌멩이를 던집니다. 순수한 침묵의 장으로 들어가서 거기에 의도를 심을 때 우리가 하는 일도 이와 똑같습니다. 이 침묵 속에서는 가장 미약한 의도라도, 모든 것을 서로 연결시키는 우주 의식의 밑바탕에 물결을 일으켜 널리 퍼져 나가게 합니다. 하지만 의식 안의 고요함을 경험하지 않고 마음이 요동치는 바다와 같다면, 우리는 엠파이어

스테이트 빌딩을 그 속에 던지고도 아무것도 알아차리지 못할 것입니다. 성경에 이런 말씀이 있습니다. "고요하라, 그리고 내가 곧 신임을 알라." 이는 오로지 명상을 통해서만 알 수 있습니다.

순수 잠재력의 장에 다가가는 또 하나의 길은 분별하지 않음을 실천하는 것입니다. 분별이란 대상들을 옳고 그름, 좋고 나쁨 등의 잣대로 부단히 평가하는 것입니다. 끊임없이 평가하고, 분류하고, 꼬리표를 붙이고, 분석하고 있을 때, 우리는 내면에 굉장한 소용돌이를 일으킵니다. 이런 소용돌이는 우리와 순수 잠재력 사이를 흐르는 에너지의 흐름을 제한합니다. 우리는 말 그대로 생각과 생각 사이의 '틈새'를 막아 버립니다.

우리는 이 틈새를 통해 순수 잠재력의 장과 연결됩니다. 그 순수 자각의 상태, 생각과 생각 사이의 그 고요한 공간, 내면의 그 고요함을 통해서 우리는 진정한 힘과 연결됩니다. 따라서 그 틈새가 막힐 때 우리는 순수 잠재력과 무한한 창조성의 장에 연결되지 못하고 막혀 버립니다.

《기적 수업》이라는 책에는 다음과 같은 기도문이 있습니다. "오늘 나는 일어나는 어떤 일도 분별하지 않겠습니다." 분별하지 않음은 마음속에 고요함을 창조합니다. 그러니 이런 기도로 하루를 시작하는 것은 좋은 일입니다. 자신이 분별하고 있음을 알아차릴 때마다 이 기도문을 떠올려 보십시오. 하루 종일 이렇게 하기가 어렵게 느껴지면, 이렇게 말해 보세요. "앞으로 두 시간 동안 어떤 것도 분별하지 않겠다." 또는 "앞으로 한 시간 동안 분별하지 않겠다." 그러면서 분별하지 않는 시간을 점점 늘려 갑니다.

침묵과 명상, 분별하지 않음을 통해서 우리는 첫 번째 법칙인 순수 잠재력의 법칙에 다가가게 됩니다. 다음에는 네 번째 요소를 더하여 실천할 수 있는데, 그것은 자연과 직접 교감하는 시간을 정기적으로 갖는 것입니다. 자연 속에서 지내다 보면 생명의 모든 요소와 힘들이 상호 작용하는 것을 느낄 수 있고, 자신이 모든 생명과 하나임을 느끼게 될 것입니다. 시냇물이든 숲이든 산이든 호수든 바닷가든 상관없이 자연의 지성과 연결되면 순수 잠재력의 장에 다가가는 데 도움이 됩니다.

자기 존재의 가장 깊은 본성과 접촉하는 법을 배워야 합니다. 이 진정한 본성은 에고의 너머에 있습니다. 그것은 두려움이 없고, 자유로우며, 어떤 비판에도 영향 받지 않으며, 어떤 도전도 두려워하지 않습니다. 그것은 어느 누구보다 열등하지 않고 어느 누구보다 우월하지도 않으며, 마법과 신비와 희열로 가득 차 있습니다.

자신의 진정한 본성에 다가가다 보면 관계라는 거울을 간파하는 통찰력을 얻게 됩니다. 모든 관계는 우리가 자기 자신과 맺는 관계의 반영이기 때문입니다. 예를 들어, 돈이나 성공 또는 어떤 것에 대해 죄의식이나 두려움, 불안감을 느낀다면, 이런 감정들은 우리 성격의 기본적인 측면들인 죄의식과 두려움, 불안감을 반영하고 있습니다. 아무리 많은 돈이나 아무리 큰 성공이라도 존재의 이 기본적인 문제는 해결하지 못할 것입니다. 오로지 참나와 친밀해질 때만 진정으로 치유될 수 있습니다. 자신의 참나를 분명히 알고 자신의 참된 본성을 정말로 이해하면, 돈이나 풍요 또는 욕망의 충족에 대해 죄의식이나 두려움, 불안을 결코 느끼지 않을 것입니다. 모든 물질적 부유함의 본질은 생명 에너지이며 순수 잠재력임을 깨달을 것이기 때문입니다. 순수 잠재력은 우리에게 본래 갖추어진 성품입니다.

자신의 참된 본성에 더 가까이 다가갈수록, 창조적인 생각들이 저절로 일어날 것입니다. 순수 잠재력의 장은 또한 무한한 창조성과 순수 지식의 장이기 때문입니다. 오스트리아의 철학자이자 시인인 프란츠 카프카는 이렇게 말했습니다. "방을 나설 필요가 없다. 책상 앞에 앉아 귀를 기울여 보라. 아니, 귀를 기울일 필요도 없다. 그저 기다려라. 아니, 기다릴 필요조차 없다. 그저 침묵하며 고요히 혼자 있는 법을 배워라. 세계는 가면을 벗고서 거리낌 없이 스스로를 드러낼 것이다. 그러지 않을 수 없다. 세계는 황홀경에 잠긴 채 당신의 발 밑에서 구를 것이다."

우주의 풍요―우주의 아낌없는 표현과 풍부함―는 자연의 창조적인 마음의 표현입니다. 자연의 마음에 더 많이 조율될수록, 자연의 무한하고 자유로운 창조성에 더 가까이 다가가게 됩니다. 하지만 그 풍부하고 풍요롭고 무한하며 창조적인 마음과 연결되기 위해서는 먼저 머릿속에서 소용돌이치는 생각들을 넘어서야 합니다. 그러면 영원하고 무한하며 창조적인 마음의 고요함을 유지하면서 동시에 역동적으로 활동할 수 있게 됩니다. 고요하며 자유롭고 무한한 마음과 역동적이며 유한한 개인적인 마음의 이 절묘한 결합은 고요함과 움직임의 완벽한 동시 균형이며, 이 상태에서는 우리가 원하는 것을 무엇이든 창조할 수 있습니다. 고요함과 역동성이라는 이 정반대 성질의 동시 공존은 우리가 상황과 환경, 사람과 사물에 관계없이 독립적으로 살게 합니다.

이 정반대 성질들의 절묘한 공존을 조용히 알아차릴 때, 우리는 에너지의 세계와 조율됩니다. 이 에너지의 세계는 물질도 아니고 성분도 아니면서 물질세계의 근원인 '양자 수프'입니다. 이 에너지 세계는 유동적이고, 역동적이며, 탄력적이고, 변화하며, 영원히 움직입니다. 동시에 불변하고, 움직이지 않으며, 고요하고, 영원하며, 침묵합니다.

고요함은 창조를 위한 잠재력이며, 움직임은 그 표현의 특정한 측면에 한정되는 창조성입니다. 그러나 움직임과 고요함의 결합은 당신이 주의를 기울이는 모든 방면에서 창조성을 발휘하게 해 줍니다.

움직이고 활동하면서도 언제나 내면에 고요함을 유지하

십시오. 그러면 주변의 움직임이 아무리 혼란스러워도 우리는 방해받지 않고 창조성의 저장고인 순수 잠재력의 장으로 다가갈 것입니다.

순수 잠재력의 법칙을 적용하기

나는 아래의 단계들을 실천하여
순수 잠재력의 법칙이 효과를 발휘하도록 하겠다.

1. 나는 날마다 침묵하며 가만히 있는 시간을 가짐으로써 순수 잠재력의 장과 접촉할 것이다. 날마다 두 번씩, 적어도 아침에 30분, 저녁에 30분쯤 혼자 앉아서 고요히 명상할 것이다.

2. 나는 날마다 자연과 교감하고, 살아 있는 모든 존재 안에 있는 지성을 고요히 지켜보는 시간을 가질 것이다. 고요히 앉아서 지는 해를 바라보거나, 바다나 시냇물 소리를

듣거나, 꽃의 향기를 음미할 것이다. 내 침묵의 기쁨 속에 잠기고 자연과 교감함으로써 유구한 생명의 고동을, 순수 잠재력과 무한한 창조성의 장을 즐길 것이다.

3. 나는 분별하지 않기를 실천할 것이다. 다음의 말로 하루를 시작할 것이다. "오늘 나는 일어나는 어떤 일도 분별하지 않겠다." 그리고 분별하지 않기를 하루 종일 상기할 것이다.

Chapter_2

베풂의 법칙

The Law of Giving

우주는 역동적인 주고받음을 통하여 움직이며……
주고받음은 우주 내 에너지 흐름의 다른 측면입니다.

그러므로 우리가 얻으려는 것을 기꺼이 주려 할 때,
우주의 풍요로움이 우리의 삶에서
계속 순환하게 됩니다.

이 여린 그릇을 거듭 비우시고
당신은 새로운 생명으로 늘 가득 채워 주십니다.
이 작은 갈대 피리를 지니고
산으로 골짜기로 다니시며
당신은 영원히 새로운 가락을 부셨습니다.
……
당신의 무한한 선물들이 제게로 오지만
받는 제 손은 아주 작을 뿐입니다.
많은 세월이 흘러도
여전히 당신은 부어 주시며,
채울 공간은 여전히 남아 있습니다.

- 타고르, 《기딴잘리》 중에서

성공의 두 번째 영적 법칙은 '베풂의 법칙'입니다. 이 법칙은 '주고받음의 법칙'이라고 할 수도 있습니다. 우주는 역동적인 교환을 통해 작용하기 때문입니다. 고정되어 있는 것은 아무것도 없습니다. 우리의 몸은 우주의 몸과 역동적으로 끊임없이 교환되고 있으며, 우리의 마음은 우주의 마음과 역동적으로 상호 작용하고 있습니다. 우리의 에너지는 우주 에너지의 한 표현입니다.

생명의 흐름은 존재의 장을 이루는 모든 원소들과 힘들의 조화로운 상호 작용에 다름 아닙니다. 우리의 삶에서 원소들과 힘들의 이 조화로운 상호 작용은 '베풂의 법칙'으로 작용하고 있습니다. 우리의 몸과 마음, 우주는 끊임없이 역동적으로 교환하고 있기 때문에 에너지의 순환을 막는 것은 피의 흐름을 막는 것과 같습니다. 피의 흐름이 멈추면 피는 굳어지고 응고되어 썩기 시작합니다. 이 같은 이유로, 부유함과 풍요로움, 또는 우리가 삶에서 원하는 것이 무엇이든지 그것들이 우리의 삶에서 계속 순환하게 하려면 주고받아야 합니다.

풍요로움을 의미하는 'affluence'는 '흐르다'는 의미의 'affluere'에서 나온 단어입니다. 따라서 풍요로움이란 '풍요롭게 흐르다'는 뜻입니다. 사실, 돈이란 우리가 교환하는 생명 에너지, 그리고 우리가 우주에 봉사한 결과로 사용하는 생명 에너지의 상징입니다. 돈을 뜻하는 다른 단어인 '통화(currency)' 역시 에너지의 흐르는 성질을 나타냅니다. 통화는 라틴어 단어 'currere'에서 나왔는데, 이 단어는 '달리다' 또는 '흐르다'는 뜻입니다.

그래서 만일 우리가 돈의 순환을 막는다면, 오로지 돈에 집착하여 모으려고만 한다면, 돈은 생명 에너지이므로 우리의 삶으로 다시 순환하여 돌아오는 길도 막히게 됩니다.

그 생명 에너지가 우리에게 계속 들어오게 하려면, 그 에너지가 계속 순환하도록 해야 합니다. 돈은 강물처럼 계속 흘러야 합니다. 그렇지 않으면 돈은 정체되고 응고되고 꽉 막히게 되며, 돈의 생명 에너지는 질식해 버릴 것입니다. 막힘없이 순환될 때 돈은 활기찬 생명력을 유지할 수 있습니다.

모든 관계는 주고받음의 관계입니다. 줌은 받음을 낳고, 받음은 줌을 낳습니다. 올라가는 것은 반드시 내려오고, 나가는 것은 반드시 돌아옵니다. 사실, 받음은 줌과 같은 것입니다. 줌과 받음은 우주 내 에너지 흐름의 다른 측면이기 때문입니다. 만일 둘 중 어느 한쪽의 흐름이라도 막는다면, 그것은 자연의 지성을 방해하는 행위입니다.

모든 씨앗 하나하나 속에는 수많은 숲을 이룰 가능성이 담겨 있습니다. 하지만 씨앗은 보관되지 않아야 하고 반드시 기름진 땅에 그 지성을 주어야 합니다. 그렇게 줄 때 씨앗의 보이지 않는 에너지는 물질세계 속으로 흘러들어 갑니다.

더 많이 줄수록 더 많이 받을 것입니다. 우주의 풍요로움이 우리의 삶 속에서 계속 순환할 수 있기 때문입니다.

사실, 삶에서 가치 있는 것은 무엇이든지 줄 때 배가됩니다. 줌을 통해서 배가되지 않는 것은 줄 가치가 없거나 받을 가치가 없는 것입니다. 만일 우리가 어떤 것을 줌으로써 뭔가를 잃었다고 느낀다면, 그 선물은 진정으로 주어진 것이 아니므로 증가를 낳지 못할 것입니다. 꺼리는 마음으로 마지못해 준다면, 그런 줌의 이면에는 아무런 에너지도 없습니다.

가장 중요한 것은 주고받음의 뒤에 있는 의도입니다. 그 의도는 언제나 주는 사람과 받는 사람에게 행복을 창조하는 것이어야 합니다. 행복은 삶을 돕고 유지시키는 까닭에 증가를 낳기 때문입니다. 조건 없이 진심으로 주면, 주는 만큼 다시 받게 됩니다. 즐거운 마음으로 주어야 하는 것은 이 때문입니다. 주는 행위 자체에서 기쁨을 느껴야 합니다. 그러면 주는 행위의 이면에 있는 에너지가 몇 배로 증가합니다.

베풂의 법칙을 실천하는 것은 사실 아주 간단합니다. 기쁨을 원한다면 사람들에게 기쁨을 주고, 사랑을 원한다면 사랑을 주고, 관심과 존중을 받고 싶다면 관심과 존중을 주는 법을 배우면 됩니다. 물질적인 풍요로움을 원한다면, 사람들이 물질적으로 풍요로워지도록 도우십시오. 사실, 원하는 것을 얻는 가장 쉬운 방법은 사람들이 원하는 것을 얻도록 돕는 것입니다. 이 원리는 개인, 기업, 사회, 나라들에도 동등하게 적용됩니다. 삶의 모든 좋은 것들로 축복받기를 원한다면, 삶의 모든 좋은 것들로 모든 사람을 고요히 축복하는 법을 배우기 바랍니다.

베푸는 생각, 축복하는 생각, 간단한 기도조차도 사람들에게 영향을 주는 힘이 있습니다. 이는 본질적인 상태로 환원되면 우리의 몸이란 에너지와 정보의 우주 안에 있는 에너지와 정보의 국지적인 다발이기 때문입니다. 우리는 의식하는 우주 안에 있는 의식의 국지적인 다발입니다. '의식'이라는 단어는 에너지와 정보 이상을 뜻합니다. 그것은 생각으로 살아 있는 에너지와 정보를 뜻합니다. 그러므로 우리는 생각하는 우주 안에 있는 생각의 다발들입니다. 그리고 생각은 변형시키는 힘을 갖고 있습니다.

삶이란 소우주와 대우주, 인간의 몸과 우주의 몸, 인간의 마음과 우주의 마음 사이에서 이루어지는 지성의 욕구들의 역동적인 교환으로 그 자체를 표현하는 의식의 영원한 춤입니다.

얻으려 하는 것을 주는 법을 배울 때, 우리는 생명의 영원한 고동을 이루는 절묘하고 활발하고 힘찬 움직임으로 이 춤을 안무하고 춤추게 할 것입니다.

* * *

베풂의 법칙이 작용하게 하는—순환의 전체 과정이 시작되게 하는—최선의 방법은 다른 사람과 접촉할 때마다 그들에게 뭔가를 주겠다고 결심하는 것입니다. 물질적인 것이 아니어도 좋습니다. 꽃을 줄 수도 있고, 칭찬이나 기도를 줄 수도 있습니다. 사실, 가장 강력한 형태의 베풂은 비물질적인 것입니다. 보살핌, 관심, 애정, 인정과 사랑은 우리가 줄 수 있는 가장 귀한 선물들이며 비용도 들지 않습니다. 누군가를 만날 때마다 우리는 그들에게 말없이 축복을 보내고, 그들의 행복과 기쁨, 웃음을 소망할 수 있습니다. 이런 무언의 베풂은 매우 강력합니다.

제가 어릴 때 배웠고 어른이 되어 제 아이들에게 가르친 것들 가운데 하나는, 다른 사람의 집을 방문할 때는 빈손으로 가지 말고 꼭 선물을 들고 가라는 것이었습니다. 그러면 어떤 사람은 "내가 쓰기에도 부족하다면 어떻게 다른 사람에게 줄 수 있을까요?"라고 물을 수 있습니다. 그럴 때는 꽃 한 송이를 들고 갈 수도 있습니다. 공책 한 권을 가져갈 수도 있고, 카드에 그 사람에 대한 마음을 써서 가져갈 수도 있습니다. 칭찬을 가져갈 수도 있고, 기도를 가져갈 수도 있습니다.

어디를 가든, 누구를 만나든 그들에게 뭔가를 주겠다고 결심해 보십시오. 주면 받을 것입니다. 더 많이 줄수록, 베풂의 법칙이 낳는 놀라운 결과들을 보며 더 많이 확신하게 될 것입니다. 그렇게 더 많이 받으면, 더 많이 줄 수 있게 됩니다.

우리의 진정한 본성은 풍요로움과 부유함입니다. 우리는 본래 풍요롭습니다. 자연은 모든 필요와 소망이 충족되도록 돕기 때문입니다. 우리에게는 부족한 것이 아무것도 없습니다. 우리의 본성이 순수 잠재력이며 무한한 가능성이

기에 그렇습니다. 그러므로 지금 가진 돈이 아무리 많거나 적어도 우리는 이미 풍요롭게 타고났다는 것을 알아야 합니다. 순수 잠재력의 장이 바로 모든 부유함의 원천이기 때문입니다. 모든 필요를 충족시키는 법을 아는 것은 다름 아닌 의식입니다. 이 필요에는 기쁨과 사랑, 웃음, 평화, 조화, 지식도 포함됩니다. 만일 우리가 우리 자신만을 위해서가 아니라 다른 사람들을 위해서도 이런 것들을 먼저 구한다면, 나머지 모든 것은 저절로 우리에게 올 것입니다.

베풂의 법칙을 적용하기

나는 아래의 단계들을 실천하여
베풂의 법칙이 효과를 발휘하도록 하겠다.

1. 나는 어디를 가든 누구를 만나든 그들에게 줄 선물을 가지고 갈 것이다. 칭찬이나 꽃 한 송이, 기도라는 선물을 줄 수도 있다. 오늘 나는 만나는 모든 사람에게 무언가를 줄 것이다. 그래서 나와 다른 사람들의 삶에서 기쁨과 부유함, 풍요로움의 순환 과정이 시작되게 할 것이다.

2. 오늘 나는 삶이 주는 모든 선물을 감사히 받을 것이다. 자연이 주는 선물들, 햇빛, 새들이 지저귀는 소리, 봄에

내리는 소나기, 겨울에 내리는 첫눈 같은 선물들을 받을 것이다. 마음을 열고서 사람들이 주는 것은 무엇이든지 받을 것이다. 물질적인 선물이든 돈이든, 칭찬이든 기도든.

3. 나는 보살핌, 애정, 인정, 사랑이라는 삶의 가장 소중한 선물들을 주고받음으로써 내 삶에서 부유함이 계속 순환되게 할 것이다. 사람들을 만날 때마다 나는 그들의 행복과 기쁨, 웃음을 말없이 소망할 것이다.

Chapter_3

까르마의 법칙
(인과의 법칙)

The Law of Karma or Cause and Effect

모든 행위는 에너지의 힘을 일으키고,
그것은 다시 우리에게 같은 모습으로 돌아옵니다.
뿌린 대로 거둡니다.

우리가 다른 사람들에게
행복과 성공이 오게 하는 행위를 선택하면,
우리 까르마의 열매는
행복과 성공입니다.

까르마는
인간의 자유를 영원히 확인시켜 줍니다.
우리의 생각과 말, 행위는
우리가 주변에 던지는 그물의
씨줄과 날줄입니다.

-스와미 비베까난다

성공의 세 번째 영적 법칙은 까르마의 법칙입니다. '까르마'는 행위와 그 행위의 결과를 의미합니다. 까르마는 원인인 동시에 결과입니다. 모든 행위는 어떤 에너지의 힘을 일으키고, 그 에너지의 힘은 같은 모습으로 우리에게 돌아오기 때문입니다. 우리에게 까르마의 법칙은 낯설지 않습니다. "뿌린 대로 거두리라."는 말을 들어 보지 않은 사람은 없을 테니까요. 삶에서 행복을 창조하기를 원한다면, 행복의 씨앗을 뿌리는 법을 배워야 합니다. 그러므로 까르마는 의식적인 선택의 행위를 내포합니다.

우리는 본질적으로 끊임없이 선택을 하는 존재입니다.

존재의 매 순간마다 우리는 모든 가능성의 장 안에 있으며, 그 안에서 우리는 한없는 선택을 하게 됩니다. 이 선택들 가운데 일부는 의식적으로 이루어지는 반면, 다른 선택들은 무의식적으로 이루어집니다. 그런데 까르마의 법칙을 잘 이해하고 최대한 활용하는 가장 좋은 방법은 매 순간 우리가 선택할 때마다 의식하며 알아차리는 것입니다.

우리가 싫어하든 좋아하든 지금 이 순간에 일어나는 모든 일은 우리가 과거에 한 선택들의 결과입니다. 불행히도 우리 대부분은 무의식적으로 선택을 하며, 그래서 자신이 선택하고 있다고 여기지 않습니다. 그러나 우리는 선택하고 있습니다.

만일 내가 당신에게 모욕을 주면, 당신은 십중팔구 공격받았다고 믿기를 선택할 것입니다. 만일 내가 당신에게 칭찬을 하면, 당신은 십중팔구 좋아하거나 우쭐해지기를 선택할 것입니다. 잘 생각해 보면, 그것들도 역시 선택이라는 것을 알 수 있습니다.

나는 당신을 공격하거나 모욕할 수도 있고, 당신은 공격받지 않기를 선택할 수 있습니다. 나는 당신에게 칭찬할 수 있고, 당신은 우쭐해지지 않기를 선택할 수 있습니다.

다시 말해, 우리는 무한히 선택할 수 있는 존재인데도 불구하고, 우리 대부분은 사람과 상황들에 계속해서 자극을 받아 예상 가능한 반응을 보이는 조건 반사 덩어리가 되어버린 것입니다. 이는 마치 파블로프의 조건 반사와 같습니다. 파블로프는 개에게 먹을 것을 줄 때마다 종을 울리면 나중에는 종을 울리기만 해도 개가 침을 흘린다는 것을 증명한 것으로 유명합니다. 개가 하나의 자극을 다른 것과 연관시켰기 때문입니다.

이러한 조건화의 결과로 우리 대부분은 우리의 환경 안에서 주어지는 자극들에 대해 반복적이고 예측 가능한 반응들을 합니다. 우리의 반응들은 사람들과 상황들에 의해 자동적으로 촉발되는 것처럼 보이고, 우리는 이것들이 여전히 우리가 존재하는 모든 순간에 우리가 내리고 있는 선택들이라는 것을 잊습니다. 우리는 단순히 무의식적으로 이런 선택들을 하고 있습니다.

선택을 할 때 잠시 물러나서 자신의 선택을 지켜본다면, 이렇게 지켜보는 행위만으로 우리는 선택의 전체 과정을 무의식의 영역에서 의식의 영역으로 가져옵니다. 의식적으로 선택하고 지켜보는 이 과정을 통해 우리는 큰 힘을 갖게 됩니다.

어떤 선택이든지 선택을 할 때는 스스로 두 가지 질문을 해 보십시오. 첫 번째 질문은 "내가 하는 이 선택의 결과는 무엇일까?"입니다. 가슴속에서 그 결과를 즉각 알게 될 것입니다. 두 번째 질문은 "내가 하는 이 선택이 나와 주변 사람들에게 행복을 가져올까?"입니다. 대답이 긍정적이라면 그걸 선택하십시오. 만일 대답이 부정적이라면, 그리고 만일 그 선택이 자신이나 주변 사람에게 고통을 가져온다면, 그걸 선택하지 않으면 됩니다. 이렇게 단순합니다.

매 순간 선택할 수 있는 대안들은 무수히 많지만, 우리 자신과 주변 사람들에게 행복을 가져오는 선택은 오직 하나뿐입니다. 그 하나의 선택을 하면, 그 선택은 자발적이며 올바른 행동으로 이어집니다. 자발적이며 올바른 행동이란 적절한 때에 이루어지는 적절한 행위입니다. 그것은 일어나는 모든 상황에 대한 적절한 반응이며, 그 행위에 의해 영향 받는 모든 사람과 우리 자신을 풍요롭게 하는 행위입니다.

우리가 자발적이며 올바른 선택을 하도록 우주가 돕는 흥미로운 메커니즘이 있습니다. 그 메커니즘은 우리 몸 안에 있는 감각들과 관계가 있습니다. 우리의 몸은 두 가지 감각을 경험합니다. 하나는 편안한 감각이고, 다른 하나는 불편한 감각입니다. 의식적으로 선택을 하는 순간, 몸에 주의를 기울이며 몸에게 물어보십시오. "만일 내가 이 선택을 한다면 무슨 일이 일어날까?" 몸이 편안함의 메시지를 보낸다면, 그것은 올바른 선택입니다. 몸이 불편함의 메시지를 보낸다면, 그것은 적절하지 않은 선택입니다.

편안함과 불편함의 메시지가 태양신경총의 영역에 있는 사람들이 있지만, 대부분의 사람들에게는 가슴의 영역에 있습니다. 그러니 의식적으로 주의를 가슴에 두고서 어떻게 해야 하는지를 가슴에게 물어보십시오. 그리고 반응을 기다리십시오. 신체의 반응이 감각의 형태로 올 것입니다. 희미한 느낌일 수 있지만 그것은 당신의 몸 안에 있습니다.

오직 가슴만이 올바른 대답을 압니다. 대부분의 사람들은 가슴이 여리고 감상적인 것이라고 생각하지만, 그렇지 않습니다. 가슴은 직관적이고, 전체적이고, 맥락적이며, 관계적입니다. 가슴은 득실 지향적이지 않습니다. 그것은 우주적인 컴퓨터―순수 잠재력, 순수 지식, 무한한 조직력의 장―와 연결되어 모든 것을 고려합니다. 때때로 가슴은 합리적으로 보이지 않을 수 있지만, 합리적인 사고의 한계 안에 있는 그 어떤 것보다 훨씬 정확하고 훨씬 정밀한 계산력을 가지고 있습니다.

우리는 까르마의 법칙을 이용하여 돈과 풍요를 창조할 수 있고, 원하기만 하면 언제든지 모든 좋은 것들이 들어오게 할 수 있습니다. 하지만 먼저, 삶의 매 순간에 내리는 우리의 선택이 우리의 미래를 낳는다는 것을 자각해야 합니다. 이 점을 정기적으로 자각한다면 까르마의 법칙을 충분히 활용하게 됩니다. 자신의 선택들을 더 자각할수록 우리는, 자신과 주변 사람들에게 이로운, 자발적이며 올바른 선택들을 더 잘하게 될 것입니다.

* * *

과거의 까르마에 대해서는 어떻게 해야 할까요. 그것은 지금 우리에게 어떤 영향을 미치고 있을까요? 과거의 까르마에 대해서는 다음 세 가지를 할 수 있습니다. 하나는 까르마의 빚을 갚는 것입니다. 대부분의 사람들은 그렇게 하기를 선택합니다. 물론 무의식적으로 그렇게 하지만, 이 역시 자신의 선택입니다. 때로는 그런 빚들을 갚기 위해 상당한 고통을 치르기도 하지만, 까르마의 법칙에 따르면 우주에는 갚지 않고 넘어갈 수 있는 빚이 하나도 없습니다. 이 우주에는 완벽한 회계 체계가 있으며, 모든 것은 끊임없이 에너지를 주고받습니다.

두 번째 방법은 자신의 까르마를 더 바람직한 경험으로 바꾸거나 변형시키는 것입니다. 이것은 매우 흥미로운 과정인데, 까르마의 빚을 갚으면서 우리는 이렇게 자문하게 됩니다. "이 경험을 통해 내가 무엇을 배울 수 있을까? 이 일이 왜 일어나고 있으며, 우주가 내게 보내는 메시지는 무엇일까? 어떻게 하면 이 경험을 사람들에게 유익하게 이용할 수 있을까?"

이렇게 하면 우리는 기회의 씨앗을 찾고, 그 기회의 씨앗을 우리의 다르마, 즉 삶의 목적(성공을 부르는 일곱 번째 영적 법칙에서 다룸)과 연결시키게 됩니다. 그럴 때 까르마는 새로운 표현으로 변화됩니다.

예를 들어, 운동을 하다가 다리에 부상을 당했다면, "이 경험을 통해 내가 무엇을 배울 수 있을까? 우주가 내게 주는 메시지는 무엇일까?" 하고 물을 수 있습니다. 아마 그 메시지는 삶의 속도를 늦추고, 다음부터는 더욱 주의하여 몸을 돌보라는 것일 수 있습니다. 자신이 아는 것을 다른 사람들에게 가르치는 것이 자신의 다르마라면, "어떻게 하면 이 경험을 사람들에게 유익하게 이용할 수 있을까?"라고 물어본 뒤, 그 결과 안전하게 운동하는 법에 관한 책을 쓸 수도 있을 것입니다. 혹은 자신이 경험한 종류의 부상을 방지하는 특별한 신발이나 다리 보호 기구를 디자인할 수도 있습니다.

이런 식으로 까르마의 빚을 갚으면서 우리는 자신에게 닥친 역경을 부유함과 충족을 가져오는 좋은 일로 전환시킬 수 있습니다. 이것이 바로 자신의 까르마를 긍정적인 경험으로 전환시킨다는 뜻입니다. 자신의 까르마를 실제로

없애지 않으면서도, 까르마에 관련된 경험을 통해 새롭고 긍정적인 까르마를 창조할 수 있는 것입니다.

까르마를 다루는 세 번째 방법은 까르마를 초월하는 것입니다. 까르마를 초월한다는 것은 까르마로부터 독립한다는 뜻입니다. 까르마를 초월하는 길은 생각 사이의 틈새, 참나, 영을 지속적으로 경험하는 것입니다. 이는 더러운 천 조각을 흐르는 물에 계속해서 씻는 것과 같습니다. 씻을 때마다 조금씩 때가 빠집니다. 거듭해서 빨수록 조금씩 더 깨끗해집니다. 생각의 틈새 속으로 들어갔다 나오기를 계속 반복하면 까르마의 씨앗을 씻어 내거나 초월하게 됩니다. 이는 물론 명상의 실천을 통해서 이루어집니다.

모든 행위는 까르마와 관련됩니다. 한 잔의 커피를 마시는 것도 까르마와 관련됩니다. 그 행위는 기억을 낳고, 기억은 욕망을 낳을 능력 혹은 잠재력을 지니고 있으며, 욕망은 다시 행위를 낳습니다. 우리 영혼의 운영 소프트웨어는 까르마, 기억, 욕망입니다. 우리의 영혼은 까르마, 기억, 욕망의 씨앗들을 품고 있는 의식의 꾸러미입니다. 결과를 낳는 이런 씨앗들을 의식하게 되면, 우리는 의식적으로 현실을 창조하는 사람이 됩니다. 의식적으로 선택하는 사람이 될 때 우리는 자신과 주변 사람들을 더 좋게 만들 수 있는 행위들을 하게 됩니다. 우리가 할 일은 그것이 전부입니다.

이런 식으로 까르마가 참나와 참나에 영향받는 모든 사람들에게 이로우면, 그 까르마의 열매는 행복과 성공이 될 것입니다.

까르마의 법칙을 적용하기

나는 아래의 단계들을 실천하여
까르마의 법칙이 효과를 발휘하도록 하겠다.

1. 오늘 나는 매 순간 내가 하는 선택들을 지켜볼 것이다. 이 선택들을 그저 지켜보면서 그것들을 자각할 것이다. 그러면 나는 미래를 위해 준비하는 가장 좋은 길은 현재에 충분히 의식하는 것임을 알게 될 것이다.

2. 선택을 할 때마다 나는 다음의 두 가지 질문을 할 것이다. "내가 내리는 이 선택의 결과는 무엇일까?", "이 선

택은 나 자신과 이 선택에 영향받는 사람들에게 충족과 행복을 가져올까?"

3. 다음에는 나의 가슴에게 안내를 요청하고, 가슴이 주는 편안함과 불편함의 메시지를 안내자로 삼을 것이다. 그 선택이 편안하게 느껴진다면 마음껏 뛰어들 것이다. 그 선택이 불편하게 느껴진다면, 잠시 멈춘 뒤 내면의 눈으로 내 행위의 결과들을 통찰할 것이다. 이 안내자는 내가 나와 주변 사람들을 위해 자발적이며 올바른 선택을 할 수 있도록 도울 것이다.

Chapter _ 4

최소 노력의 법칙

The Law of Least Effort

자연의 지성은
힘들이지 않으며 쉽게 일합니다.
근심 없이 조화와 사랑으로 일합니다.

조화와 기쁨, 사랑의 힘을 이용할 때
우리는 힘들이지 않고 쉽게
성공과 행운을 창조합니다.

온전한 존재는
가지 않고도 알고,
보지 않고도 보며,
행함이 없이 이룹니다.

- 노자

성공을 부르는 네 번째 영적 법칙은 '최소 노력의 법칙'입니다. 이 법칙은 자연의 지성이 힘들이지 않고 쉽게, 근심 없이 초연하게 일한다는 사실에 바탕을 둡니다. 이를 최소 행위의 원리, 무저항의 원리라고 할 수도 있습니다. 그러므로 이것은 조화와 사랑의 원리입니다. 자연으로부터 이 교훈을 배우면 원하는 소망들을 쉽게 이룰 수 있습니다.

자연이 일하는 것을 관찰해 보면, 최소 노력을 들이고 있음을 알게 됩니다. 풀들은 자라기 위해 애쓰지 않으며, 그저 자랄 뿐입니다. 물고기는 헤엄치려 애쓰지 않으면서 자연스레 헤엄칩니다. 꽃들은 피어나려 애쓰지 않으면서 자연스레 피어납니다. 새들은 날기 위해 애쓰지 않으면서 자연스레 하늘을 납니다. 이는 그들의 타고난 본성입니다. 지구는 자전축에 따라 회전하려고 애쓰지 않으며, 아찔한 속도로 회전하면서 우주를 날아가는 것은 지구의 본성입니다. 행복 속에 있는 것은 아기의 본성입니다. 환히 빛나는 것은 태양의 본성입니다. 반짝반짝 빛나는 것은 별들의 본성입니다. 그리고 우리의 꿈들을 힘들이지 않고 쉽게 실현시키는 것은 인간의 본성입니다.

인도의 고대 철학인 베다 과학에서는 이 원리를 경제적인 노력의 원리, 혹은 '덜 행하고 더 많이 이루는' 원리라고 합니다. 궁극적으로 우리는 아무것도 하지 않고 모든 것을 이루는 상태에 이르게 됩니다. 희미한 의도만 있어도 그 의도가 노력 없이 실현되는 것입니다. 우리가 흔히 '기적'이라고 부르는 것도 실제로는 최소 노력의 법칙이 표현된 것입니다.

자연의 지성은 노력 없이, 마찰 없이, 자연스레 일합니다. 자연의 지성은 단선적이지 않으며, 직관적이고, 전체적이고, 풍요롭게 합니다. 우리가 자연과 조화로울 때, 그리고 우리 자신의 진정한 참나가 무엇인지 분명히 자각할 때, 우리는 최소 노력의 법칙을 이용할 수 있습니다.

사랑의 동기로 행위할 때 최소 노력이 듭니다. 자연은 사랑의 에너지로 결합되어 있기 때문입니다. 사람들을 통제하고 지배하려 하면 에너지를 낭비하게 됩니다. 에고를 위해 돈이나 권력을 추구할 때, 우리는 지금 이 순간의 행복을 즐기는 대신 행복이라는 환상을 좇느라 에너지를 낭비하게 됩니다. 오로지 자기의 이득만을 보기 위해 돈을 추구하면, 우리는 자신에게 흘러드는 에너지의 흐름을 단절시키고, 자연의 지성이 표현되지 못하도록 방해하게 됩니다. 하지만 사랑의 동기로 행위할 때는 에너지의 낭비가 없습니다. 사랑의 동기로 행위할 때는 우리의 에너지가 배가되고 축적되며, 우리가 모으고 즐기는 잉여 에너지는 무한한 부(富)를 포함하여 우리가 원하는 모든 것을 창조하는 데 이용됩니다.

몸을 에너지 조절 장치로 볼 수도 있습니다. 몸은 에너지를 발전시키고 저장하고 사용합니다. 에너지를 효율적으로 발전시키고 저장하고 사용하는 법을 알게 되면, 우리는 아무리 많은 부유함이라도 창조할 수 있게 됩니다. 반면, 에고 중심의 삶은 굉장한 에너지를 소모합니다. 우리의 내적 기준점이 에고일 때, 그래서 사람들을 통제하고 지배하려 하거나 그들의 인정을 추구할 때, 우리는 에너지를 낭비하게 됩니다.

그 에너지가 풀려나 해방되면 다시 우리가 원하는 것을 창조하는 데 이용될 수 있습니다. 우리의 내적 기준점이 영(靈)일 때, 그래서 어떤 비판에도 영향 받지 않고 어떤 도전도 두려워하지 않을 때, 우리는 사랑의 힘을 이용할 수 있으며, 창조적으로 에너지를 사용하여 풍요로움과 진보를 경험할 수 있습니다.

《꿈의 기술(The Art of Dreaming)》에서 돈 후안은 까를로스 까스따네다에게 이렇게 말합니다. "우리는 자신이 중요한 사람이라는 느낌을 유지하느라 대부분의 에너지를 써 버린다. 만일 우리가 그 중요성 가운데 일부라도 포기할 수 있다면, 우리에게 두 가지 놀라운 일이 일어날 것이다. 하나는, 자신이 대단한 사람이라는 환상적인 생각을 유지하려 애쓰느라 사용하는 에너지를 해방시킬 것이다. 그리하여 둘째로, 우주의 실제 위대함을 일견할 수 있을 만큼 충분한 에너지를 얻게 될 것이다."

* * *

최소 노력의 법칙에는 세 가지 요소가 있습니다. 이 요소들은 '덜 노력하고 더 많이 이루는' 이 원리가 작용하게 합니다. 첫째 요소는 받아들임입니다. 받아들임이란 "오늘 나는 내게 주어지는 사람과 상황, 환경 그리고 일들을 받아들일 것이다."라고 다짐하는 것입니다. 받아들임을 통해 우리는 '지금 이 순간이 있는 그대로 그래야 한다'는 것을 알게 됩니다. 온 우주는 지금 그래야 하는 대로 존재하기 때문입니다. 지금 이 순간, 곧 우리가 바로 지금 경험하고 있는 이 순간은 우리가 과거에 경험한 모든 순간의 정점입니다. 지금 이 순간은 있는 그대로 있습니다. 온 우주가 있는 그대로 있기 때문입니다.

지금 이 순간을 거부하는 것은 온 우주를 거부하는 것과 같습니다. 그러는 대신에 우리는 오늘 이 순간을 거부함으로써 온 우주를 거부하는 태도를 그만두겠다고 다짐할 수 있습니다. 이는 지금 이 순간을 온전히 받아들인다는 뜻입니다. 우리는 어떤 것이든—그것이 지금 어떠해야 한다고 우리가 바라는 대로가 아니라—지금 있는 그대로 받아들입니다. 이 점을 이해하는 것이 중요합니다. 우리는 어떤 것이 미래에는 다르기를 바랄 수 있지만, 지금 이 순간에는 그것을 있는 그대로 받아들여야 합니다.

어떤 사람이나 상황 때문에 좌절하거나 화가 날 때는 자신이 그 사람이나 상황에 반응하고 있는 것이 아니라, 그 사람이나 상황에 대한 자신의 감정에 반응하고 있다는 것을 기억하기 바랍니다. 이런 감정들은 자신의 감정들이며, 자신의 감정들은 다른 사람의 잘못이 아닙니다. 이 점을 완전히 알고 이해하면, 자신의 감정에 스스로 책임지고 변화시킬 수 있게 됩니다. 모든 것을 있는 그대로 받아들일 수 있을 때, 자신이 문제로 여기는 모든 사건과 상황에 책임을 질 수 있습니다.

그러면 자연히 최소 노력의 법칙의 두 번째 요소인 '책임'으로 나아갑니다. 책임이란 무엇을 의미할까요? 책임이란 주변 상황에 대해 자신을 포함하여 어느 누구도, 어떤 무엇도 비난하지 않는다는 뜻입니다. 지금 이 상황이나 사건, 이 문제를 받아들이고 스스로 책임질 때, 우리는 지금 있는 그대로의 상황에 대해 창조적으로 반응할 수 있게 됩니다. 모든 문제는 기회의 씨앗을 품고 있으며, 그렇다는 것을 알아차리면 우리는 이 순간을 더 나은 상황이나 더 나은 것으로 변화시킬 수 있습니다.

그럴 때 이제까지 우리를 화나게 만들던 상황들은 새롭고 아름다운 어떤 것을 창조하기 위한 기회가 되며, 우리를 괴롭히던 것들이나 사람들은 우리의 스승이 될 것입니다. 현실은 해석에 따라 달라집니다. 그래서 만일 이런 식으로 현실을 해석한다면, 우리는 주변에 많은 스승을 두게 될 것이며 좋은 기회들이 많아질 것입니다.

힘들게 하는 사람, 괴롭히는 사람, 스승, 친구, 또는 적(실은 모두 같은 존재입니다)을 만날 때마다 "지금 이 순간은 그래야 하는 대로다."라고 스스로 상기하기 바랍니다. 지금 이 순간 자신의 삶에 어떤 관계를 끌어들였건 간에, 그 관계들은 정확히 지금 이 순간 우리의 삶에 필요한 것들입니다. 모든 사건의 이면에는 숨겨진 의미가 있으며, 이 숨겨진 의미는 우리가 더욱 성장하도록 돕고 있습니다.

최소 노력의 법칙의 셋째 요소는 방어하지 않음입니다. 이는 우리의 자각이 방어하지 않음에 자리 잡고 있으며, 사람들에게 우리의 관점을 설득시키거나 납득시킬 필요를 느끼지 못함을 의미합니다. 주변 사람들을 잘 관찰해 보면, 그들이 자신의 관점을 방어하는 데 99퍼센트의 시간을 소모하고 있음을 알게 될 것입니다. 자신의 관점을 방어하려는 욕구를 포기한다면, 우리는 이전까지 낭비되었던 엄청난 에너지를 쓸 수 있게 될 것입니다.

우리가 자신의 관점을 방어하고, 남들을 비난하고, 지금 이 순간을 받아들이지 않을 때, 우리의 삶은 저항에 부딪치게 됩니다. 저항에 부딪칠 때마다, 만일 그 상황을 억지로 어떻게 하려 한다면 저항은 더욱 커질 뿐입니다. 태풍을 맞아 뻣뻣이 서 있는 커다란 떡갈나무는 부러져 쓰러질 수 있지만, 태풍을 맞아 굽힐 줄 아는 갈대는 유연하여 살아남습니다.

자신의 관점을 방어하려는 노력을 완전히 그만두십시오.

방어할 무엇을 갖지 않는다면 다툼이 일어나지 않을 것입니다. 싸우거나 저항하지 않으며 계속 이렇게 하다 보면 현재를 온전히 경험할 텐데, 현재는 선물입니다. 예전에 누군가가 내게 이렇게 말했습니다. "과거는 역사이고, 미래는 신비이며, 지금 이 순간은 선물입니다. 그래서 지금 이 순간을 '선물'(the present; 현재와 선물이라는 뜻을 동시에 지님--역주)이라고 합니다."

현재를 껴안고 현재에 녹아들어 현재와 하나 될 때 우리는 살아 있는 모든 존재 안에서 고동치는 환희의 불과 불꽃, 광채를 경험할 것입니다. 살아 있는 모든 것 안에 있는 영의 환희를 경험하고 그것과 친밀해지면, 기쁨이 우리 안에서 탄생할 것이며, 우리는 방어와 원망, 아픔이라는 끔찍한 짐들과 장애물들을 내려놓게 될 것입니다. 오로지 그때에야 우리의 마음은 가벼워지고 근심이 없어지고 즐거워지며 자유로워질 것입니다.

이 기쁘고 단순한 자유 안에서, 우리는 원하는 것은 무엇이든지 언제든 원할 때마다 얻을 수 있음을 가슴속에서 분명히 알게 될 것입니다. 우리의 소망은 걱정이나 두려움이 아니라 행복에서 나오기 때문입니다. 이성적으로 따져 볼 필요가 없습니다. 그저 자신의 의도를 자신에게 얘기하기만 하면 됩니다. 그러면 삶의 모든 순간에 충족감, 즐거움, 기쁨, 자유, 자주성을 경험할 것입니다.

무저항의 길을 따르겠다고 다짐해 보십시오. 이 길은 자연의 지성이 마찰이나 노력 없이 자연스럽게 펼치는 길입니다. 받아들임과 책임, 방어하지 않음이 잘 결합될 때, 우리는 애쓰지 않고도 편안하게 흐르는 삶을 경험할 것입니다.

하나의 관점만 완고하게 고집하지 않고 모든 관점에 마음이 열려 있을 때, 우리의 꿈들과 소망들은 자연의 소망들과 함께 흐를 것입니다. 그러면 우리는 의도들을 집착 없이 놓아줄 수 있으며, 우리의 소망들이 꽃피어나 실현되는 계절이 오기를 그저 기다릴 수 있습니다. 알맞은 계절이 오면 소망들이 실현될 것임을 확신하게 됩니다. 이것이 최소 노력의 법칙입니다.

최소 노력의 법칙을 적용하기

나는 아래의 단계들을 실천하여
최소 노력의 법칙이 효과를 발휘하도록 하겠다.

1. 나는 받아들임을 실천할 것이다. 오늘 나는 나에게 주어지는 사람들과 상황들, 환경들, 사건들을 받아들일 것이다. 나는 지금 이 순간이 있는 그대로여야 한다는 것을 알 것이다. 온 우주가 있는 그대로여야 하기 때문이다. 나는 지금 이 순간을 거부함으로써 온 우주를 거부하지 않을 것이다. 나의 받아들임은 온전하고 완전하다. 나는 모든 것을 내가 바라는 대로가 아니라 지금 이 순간 있는 그대로 받아들인다.

2. 나는 모든 것을 있는 그대로 받아들이면서, 내가 문제로 여기는 모든 사건들과 상황에 책임을 질 것이다. 책임진다는 것은 나의 상황에 대해 (나를 포함하여) 어느 누구나 어떤 무엇도 비난하지 않는다는 뜻임을 나는 안다. 또한 모든 문제는 위장된 기회이며, 깨어 있는 마음으로 기회들을 알아차리면 지금 이 순간을 받아들여 더 큰 혜택으로 변화시킬 수 있음을 안다.

   3. 오늘 나의 자각은 방어하지 않음에 자리 잡고 있을 것이다. 나는 내 관점을 방어할 필요를 포기할 것이다. 나는 사람들이 내 관점을 받아들이도록 설득하거나 납득시킬 필요를 느끼지 않을 것이다. 나는 모든 관점에 마음을 열어 둘 것이며, 어느 하나의 관점을 완고하게 고집하지 않을 것이다.

Chapter _ 5

의도와 소망의 법칙
The Law of Intention and Desire

모든 의도와 소망 속에는
그것을 이루는 메커니즘이 들어 있습니다.
순수 잠재력의 장 안에 있는
의도와 소망에는 무한한 조직력이
있습니다.

순수 잠재력이라는 비옥한 땅에 의도를 심으면,
이 무한한 잠재력이
우리를 위해 작용하게 됩니다.

태초에 소망이 있었으니,
그것이 마음의 첫 번째 씨앗이었습니다.
가슴속에서 명상을 한 성자들은
그들의 지혜로
존재와 비존재의 연결을 발견했습니다.

-《리그 베다》, 창조의 찬가 중에서

성공을 부르는 다섯 번째 영적 법칙은 '의도와 소망의 법칙'입니다. 이 법칙은 에너지와 정보가 자연 속 어디에나 존재한다는 사실에 기초하고 있습니다. 사실, 양자 장의 수준에서는 에너지와 정보 외에는 아무것도 없습니다. 양자 장이란 순수 의식 또는 순수 잠재력의 장에 대한 또 하나의 이름입니다. 그리고 이 양자 장은 의도와 소망에 의해 영향 받습니다. 이 과정을 자세히 살펴보겠습니다.

꽃, 무지개, 나무, 풀잎, 인체는 본질적인 원소로 계속 쪼개 보면 결국은 에너지와 정보입니다. 온 우주는 본질적으로 에너지와 정보의 움직임입니다. 우리 자신과 나무 사이의 유일한 차이는 각각의 몸에 담긴 정보와 에너지의 내용일 뿐입니다.

물질적인 수준에서는 우리의 몸과 나무가 동일한 재활용 원소로 이루어져 있는데, 대부분은 탄소, 수소, 산소, 질소로 이루어져 있으며 극소량의 다른 원소들도 포함됩니다. 몇 달러만 주면 하드웨어 가게에서 이런 원소들을 구입할 수 있습니다. 따라서 우리 자신과 나무의 차이는 탄소나 수소, 산소가 아닙니다. 사실, 우리의 몸과 나무는 끊임없이 탄소와 산소를 서로 교환하고 있습니다. 둘 사이의 진정한 차이는 에너지와 정보에 있습니다.

자연계에서 우리는 특권을 받은 종(種)입니다. 우리는 신체를 낳는 근원인 국지적인 장의 에너지와 정보의 내용을 알아차릴 수 있는 신경계를 가지고 있습니다. 우리는 자신의 생각이나 느낌, 감정, 소망, 기억, 본능, 충동, 믿음들로서 이 장을 주관적으로 경험합니다. 이 동일한 장은 신체로서 객관적으로 경험되며, 신체를 통해 세계로서 경험됩니다. 하지만 그것은 모두 동일한 것입니다. 고대의 현자들이 "나는 그것이다. 당신은 그것이다. 이 모든 것은 그것이다.

그리고 그것은 있는 모든 것이다."라고 역설한 것은 이 때문입니다.

우리의 몸은 우주의 몸과 분리되어 있지 않습니다. 양자 역학적인 수준에서는 분명하게 나눌 수 있는 경계가 없기 때문입니다. 우리는 더 큰 양자 장 안에서는 꿈틀거리는 작은 움직임, 하나의 물결, 하나의 오르내림, 하나의 복잡계, 하나의 소용돌이, 국지적인 소란과 같습니다. 더 큰 양자 장 즉 우주는 우리의 확장된 몸입니다.

인간의 신경계는 그 자체의 양자 장의 정보와 에너지를 인식할 수 있습니다. 그뿐 아니라, 인간 의식은 이 경이로운 신경계로 인해 무한히 유연하므로, 우리는 신체에서 일어나는 정보의 내용을 의식적으로 바꿀 수도 있습니다. 우리는 자신의 양자 역학적인 몸의 에너지와 정보의 내용을 의식적으로 바꿀 수 있으며, 그래서 자신의 확장된 몸—자신의 환경과 우주—의 에너지와 정보의 내용에 영향을 미쳐 사물이나 상황이 그 안에 발현되게 할 수도 있습니다.

이 의식적인 변화는 의식 안에 내재된 두 가지 성질, 즉 관심과 의도에 의해 일어납니다. 관심은 에너지를 부여하고, 의도는 변형시킵니다. 우리가 관심을 주는 것은 무엇이든지 우리의 삶에서 더욱 강해집니다. 우리가 관심을 거두는 것은 무엇이든지 약해지고 해체되어 사라질 것입니다. 반면에 의도는 에너지와 정보의 변형을 유발합니다. 의도는 스스로가 이루어지도록 조직합니다.

성공을 부르는 영적 법칙들이 연이어 함께 작용할 경우, 관심의 대상에 의도를 부여하면, 의도된 결과가 일어나도록 시공간에서 일어나는 무한한 사건들이 조율될 것입니다. 관심이라는 비옥한 토양 속에 심어진 의도는 무한한 조직력을 지니게 되기 때문입니다. 무한한 조직력이란 시공간에서 일어나는 무한한 사건들을 조직하는 힘을 말합니다. 이 무한한 조직력은 모든 풀잎 안에서, 모든 사과 꽃 안에서, 우리 몸의 모든 세포 안에서 관찰됩니다. 살아 있는 모든 것 안에서 관찰됩니다.

자연계 안에서는 모든 것이 서로 관련되며 다른 모든 것과 연결됩니다. 마멋(굴을 파고 사는 다람쥣과 동물)은 땅에서 나와 뛰어오릅니다. 새들은 어느 계절에 어떤 방향으로 이주하기 시작합니다. 자연은 교향악입니다. 그리고 그 교향

악은 창조의 궁극적인 토대에서 고요히 조직적으로 연주되고 있습니다.

인체는 이 교향악의 또 다른 좋은 예입니다. 인체의 세포 하나는 초당 약 6조 가지의 일을 하고 있으며, 동시에 다른 모든 세포가 무슨 일을 하고 있는지를 알고 있습니다. 인체는 동시에 음악을 연주하고, 세균을 죽이고, 아기를 만들고, 시를 암송하고, 별들의 움직임을 관찰할 수 있습니다. 무한한 상호 관련의 장이 그것의 정보 장의 일부이기 때문입니다.

인간의 신경계가 놀라운 점은 의식적인 의도를 통해 이 무한한 조직력을 지휘할 수 있다는 것입니다. 인간의 의도는 에너지와 정보의 단단한 그물망 속에 고정되거나 갇혀 있지 않으며, 무한한 유연성을 지니고 있습니다. 바꿔 말하면, 자연의 다른 법칙들을 위반하지 않는 한, 우리는 자연의 법칙이 우리의 꿈과 소망들을 이루도록 의도를 통해서 문자 그대로 명령할 수 있다는 것입니다.

무한한 조직력을 지닌 우주의 컴퓨터가 우리를 위해 일하도록 만들 수 있습니다. 창조의 궁극적인 토대에 의도를 심을 수 있으며, 의도를 심는 것만으로 무한한 상호 관련의 장을 활동시킬 수 있습니다.

드러나지 않은 것을 소재로 하여 드러난 것으로 표현하려 하는 순수 잠재력이 노력 없이, 자연스럽게, 마찰 없이 흐를 수 있도록 기초 작업을 놓는 것은 바로 의도입니다. 한 가지 주의해야 할 점은 자신의 의도를 인류의 유익을 위해 사용해야 한다는 것입니다. 우리가 성공의 일곱 가지 영적 법칙을 내면화하면 자연히 그렇게 됩니다.

* * *

의도는 소망의 뒤에 있는 진정한 힘입니다. 의도 자체만으로도 매우 강력합니다. 의도는 결과에 집착하지 않는 소망이기 때문입니다. 반면에 대부분의 사람들은 소망할 때 관심의 대상에 집착하므로 소망 자체만으로는 힘이 약합니다. 의도는 다른 모든 영적 법칙들에 위배되지 않는 소망이며, 특히 성공을 부르는 여섯 번째 영적 법칙인 초연의 법칙에 엄밀히 부합합니다.

초연함과 결합된 의도는 삶에 중심을 두게 하고 지금 이 순간을 자각하게 합니다. 지금 이 순간을 자각하는 가운데 행위가 이루어질 때, 그 행위는 매우 효과적입니다. 의도는 미래를 위한 것이지만, 관심은 현재에 둡니다. 관심을 현재에 두고 있으면, 미래를 위한 의도가 실현될 것입니다. 미래는 현재에 창조되기 때문입니다. 우리는 현재를 있는 그대로 받아들여야 합니다. 현재를 받아들이고, 미래를 의도하십시오. 미래는 우리가 초연한 의도를 통해 언제나 창조할 수 있는 것입니다. 하지만 그러기 위해서는 결코 현재를 거부하지 않아야 합니다.

과거, 현재, 미래는 모두 의식의 자산입니다. 과거는 회상과 기억이고, 미래는 기대이며, 현재는 자각입니다. 그러므로 시간이란 실은 생각의 움직임입니다. 과거와 미래는 둘 다 상상 안에서 탄생하며, 자각인 현재만이 실재하며 영원합니다. 그것은 지금 있습니다. 그것은 시공간, 물질 그리고 에너지를 위한 잠재력입니다. 그것은 그 자체를—빛이든 열이든 전기든 자력이든 중력이든—추상적인 힘들로서 경험하는 가능성들의 영원한 장입니다. 이런 힘들은 과거나 미래에 있지 않습니다. 언제나 지금 있습니다.

 이런 추상적인 힘들에 대한 해석은 구체적인 현상들과 형태를 경험하게 합니다. 추상적인 힘들에 대한 기억된 해석들은 과거의 경험을 창조하며, 그 추상적인 힘들에 대한 예측된 해석들은 미래를 창조합니다. 그것들은 의식 안에 있는 관심의 성질들입니다. 이런 성질들이 과거라는 짐에서 놓여날 때, 현재의 행위는 미래의 창조를 위한 비옥한 토양이 됩니다.

 현재의 이 초연한 자유에 바탕을 둔 의도는, 우리가 소망하는 것이 무엇이든 그것을 창조하기 위해 물질과 에너지, 시공간의 사건들을 적절히 혼합하는 촉매로 작용합니다.

 만일 우리가 삶에 중심을 두고 지금 이 순간을 자각한다면, 장애물이라고 여겨지는 것들의 90퍼센트 이상을 차지하는, 상상에서 비롯된 허구적인 장애물들이 해체되고 사라집니다. 나머지 5-10퍼센트의 장애물들은 하나로 집중된 의도를 통해 기회들로 전환될 수 있습니다.

 의도를 하나에 집중한다는 것은 하나의 목적에 관심을 고정시키고 바꾸지 않는 것입니다. 하나로 집중된 의도란

불변의 목적에 집중된 관심이 장애물로 인해 흩어지도록 놓아두지 않으면서 의도된 결과에 계속 관심을 두는 것을 의미합니다. 자신의 의식에서 나오는 모든 장애물은 예외 없이 완전히 제거됩니다. 우리는 강렬한 열정으로 목표에 전념하면서도 흔들리지 않는 고요함을 유지할 수 있습니다. 이것이 초연한 자각과 하나로 집중된 의도가 함께 할 때의 힘입니다.

의도의 힘을 활용하는 법을 배우면, 원하는 것은 무엇이든지 창조할 수 있습니다. 우리는 노력하고 애써서도 결과들을 얻을 수 있지만, 그럴 때는 스트레스, 심장병, 면역 체계의 기능 저하 등 적지 않은 대가를 치러야 합니다. 그보다는 의도와 소망의 법칙 안에서 다음의 다섯 단계를 실천하는 편이 훨씬 낫습니다. 소망들을 이루기 위해 이 다섯 단계를 따르면 의도의 힘이 발달됩니다.

1. 생각 사이의 틈새로 들어가십시오. 이것은 생각들 사이의 그 고요한 공간 속에 집중하며 고요 속으로 들어가는 것을 의미합니다. 당신의 본질적인 상태인 참 존재의 수준

으로 들어갑니다.

  2. 그 참 존재의 상태에 자리 잡고서, 의도들과 소망들을 풀어놓으십시오. 당신이 실제로 그 틈새 안에 있을 때는 생각이 없고 의도도 없습니다. 하지만 그 틈새에서 빠져나올 때, 곧 그 틈새에서 생각으로 연결되는 지점에 의도를 심습니다. 만일 당신이 일련의 목표들을 가지고 있다면, 그것들을 종이에 적어 놓은 뒤, 생각 사이의 틈새로 들어가기 전에 그 목표들에 의도를 집중하십시오. 예를 들어 직업이나 사업상의 성공을 원한다면, 그 의도를 가지고 틈새 안으로 들어갑니다. 그러면 그 의도는 당신의 자각 안에서 희미한 깜박거림으로 이미 거기에 있을 것입니다. 그 틈새 안에서 의도들과 소망들을 풀어놓는다는 것은 그것들을 순수 잠재력의 비옥한 토양에 심고서 알맞은 때에 꽃피어나기를 기대한다는 뜻입니다. 소망의 씨앗들이 자라는지를 보기 위해 씨앗들을 파 보거나, 그 씨앗들이 특정한 방식으로만 자라야 한다고 고집스럽게 집착하지 마십시오. 그냥 그것들을 풀어놓으십시오.

3. 자기 참조의 상태에 머무르십시오. 이는 당신의 진정한 참나—당신의 영, 혹은 순수 잠재력의 장에의 연결—를 계속 자각하는 것을 의미합니다. 이는 또한 세상의 눈을 통해 자기 자신을 바라보지 않는다는 뜻이며, 사람들의 견해나 비판에 영향 받지 않는다는 뜻입니다. 자기 참조의 상태를 유지하는 데 도움이 되는 한 가지 방법은 자신의 소망을 혼자 간직하는 것입니다. 당신과 똑같은 소망을 가지고 있다고 말하거나 긴밀한 유대를 맺고 있는 사람을 제외하고는 어느 누구에게도 소망을 말하지 마십시오.

4. 결과에 집착하지 마십시오. 이는 특정한 결과가 나오기를 완고히 고집하지 않으며, 불확실성의 지혜 안에서 살아간다는 뜻입니다. 또한 비록 결과가 어떨지는 알지 못해도 삶이라는 여행에 주어지는 모든 순간을 즐긴다는 뜻입니다.

5. 세부 사항들은 우주가 알아서 처리하도록 맡기십시오. 의도들과 소망들을 그 틈새 안에 풀어놓으면, 그것들은

무한한 조직력을 갖습니다. 당신을 위해 모든 세부 사항들을 조율하는 의도의 무한한 조직력을 신뢰하십시오.

당신의 진정한 본성은 순수한 영혼이라는 것을 기억하십시오. 어디를 가든지 참나의 의식을 지니고 다니며, 소망들을 부드럽게 풀어놓으십시오. 그러면 우주가 당신을 위해 나머지 모든 일을 할 것입니다.

의도와 소망의 법칙을 적용하기

나는 아래의 단계들을 실천하여
의도와 소망의 법칙이 효과를 발휘하도록 하겠다.

1. 내 모든 소망들의 목록을 만들 것이다. 그리고 어디를 가든지 이 목록을 들고 다닐 것이다. 침묵과 명상 속으로 들어가기 전에 이 목록을 볼 것이다. 밤에 잠자러 가기 전에도 보고, 아침에 잠에서 깨어날 때도 볼 것이다.

2. 목록에 적힌 소망들을 풀어놓고 창조의 자궁에 맡길 것이다. 내가 원하는 방식과 다르게 상황이 흘러가는 것처럼 보인다 해도, 나는 그럴 만한 이유가 있으며 나를 위한

우주의 계획은 나의 계획보다 훨씬 원대할 것임을 신뢰할 것이다.

3. 어떤 행위를 하고 있든지 언제나 지금 이 순간을 자각할 것을 거듭 상기할 것이다. 어떤 장애물이라도 지금 이 순간에 대한 나의 관심을 흩뜨리고 없어지게 하도록 놓아두지 않을 것이다. 나는 현재를 있는 그대로 받아들일 것이며, 미래가 나의 가장 깊고 가장 소중한 의도와 소망들을 통해 실현되게 할 것이다.

Chapter_ 6

초연의 법칙
The Law of Detachment

초연함 속에는 불확실성의 지혜가 있습니다.
불확실성의 지혜 속에는 자유가 있습니다.
과거로부터의 자유,
알려진 것으로부터의 자유.
과거와 알려진 것은
우리를 한정시키는 과거라는 감옥입니다.

미지의 세계, 모든 가능성의 장으로
기꺼이 들어갈 때, 우리는
우주의 춤을 조율하는 창조적인 마음에
우리 자신을 내맡깁니다.

같은 나무 위에 앉아 있는 두 마리의 황금 새처럼,
가까운 두 친구인 자아와 참나는 한 몸 안에 거주합니다.
자아는 생명나무의 달콤하고 신 과일들을 먹지만,
참나는 초연하게 바라봅니다.

–《문다까 우빠니샤드》

성공을 부르는 여섯 번째 법칙은 '초연의 법칙'입니다. 초연의 법칙에 따르면, 물질적인 우주에서 어떤 것을 얻으려면 그것에 대한 집착을 포기해야 합니다. 소망을 이루려는 의도를 포기해야 한다는 뜻이 아닙니다. 의도도 소망도 포기할 필요가 없습니다. 결과에 대한 집착만 포기하면 됩니다.

이런 포기는 강력한 힘을 발휘합니다. 결과에 대한 집착을 포기하고, 그런 초연함이 하나로 집중된 의도와 동시에 결합될 때, 당신은 소망하는 것을 얻을 것입니다. 당신이 원하는 것은 무엇이든 초연함을 통해서 얻을 수 있습니다.

초연함의 바탕에는 참나의 힘에 대한 확고한 믿음이 깔려 있기 때문입니다.

반면, 집착의 바탕에는 두려움과 불안이 있으며, 안전하고자 하는 욕구의 바탕에는 참나에 대한 무지가 있습니다. 부유함과 풍요로움뿐 아니라 물질계에 있는 모든 것의 근원은 참나입니다. 참나는 모든 필요를 충족시키는 방법을 알고 있는 의식입니다. 자동차, 집, 수표, 옷, 비행기 등 그 밖의 모든 것은 상징입니다. 상징들은 일시적입니다. 그것들은 오고 갑니다. 상징들을 추구하는 것은 마치 실제 땅 대신에 지도만 얻으려는 것과 같습니다. 그럴 때는 마음이 불안해지고, 내면에서 텅 빈 공허감을 느끼게 됩니다. 참나의 상징들을 얻기 위해 참나를 버리기 때문입니다.

집착은 빈곤한 의식에서 나오며, 집착의 대상은 언제나 상징들입니다. 초연함은 곧 부유한 의식이며, 초연할 때 우리는 마음대로 창조할 수 있습니다. 오로지 초연할 때 우리는 기뻐할 수 있고 웃을 수 있습니다. 그러면 부유함의 상징들은 자연스레 노력 없이 창조됩니다. 초연하지 않을 때, 우리는 진부한 일상적 삶과 빈곤한 의식의 뚜렷한 특징들인 무력감, 좌절, 세속적인 욕구들, 사소한 근심들, 절망, 심각함 등의 감옥에 갇힌 포로들입니다.

진정으로 부유한 의식은 원하는 것이면 무엇이든 원하는 때에 최소 노력으로 얻는 능력입니다. 그런 능력을 얻기 위해서는 불확실성의 지혜에 자리 잡아야 합니다. 원하는 것은 무엇이나 창조할 자유는 이 불확실성 안에서 발견됩니다.

사람들은 끊임없이 안전을 추구하지만, 안전하다고 느끼는 것은 실제로는 잠시 동안뿐입니다. 돈에 대한 집착조차도 불안감을 나타내는 표시입니다. 당신은 "내게 수십억이 있다면 안전할 거야. 경제적으로 독립하고 은퇴할 수 있어. 그러면 내가 정말로 원하는 것들을 다 해볼 거야."라고 말할 수 있습니다. 하지만 그런 일은 결코 일어나지 않습니다.

안전을 추구하는 사람들은 평생 안전을 추구하지만 결코 발견하지 못합니다. 안전은 교묘히 달아나며 덧없이 사라집니다. 안전은 돈만으로부터는 올 수가 없기 때문입니다. 은행에 아무리 많은 돈을 보유하고 있어도, 돈에 대한 집착은 늘 불안감을 일으킵니다. 사실, 가장 많은 돈을 가진 사람들 가운데 일부는 가장 불안한 사람들입니다.

안전에 대한 추구는 환영입니다. 고대로부터 내려오는 지혜의 전통들에 따르면, 이 모든 딜레마의 해법은 불안전의 지혜 혹은 불확실성의 지혜 안에 있습니다. 안전과 확실성에 대한 추구는 실제로는 이미 알려진 것에 대한 집착입니다. 알려진 것이란 무엇입니까? 알려진 것이란 우리의 과거입니다. 알려진 것이란 우리를 한정시키는 과거라는 감옥에 다름 아닙니다. 그 안에는 결코 어떤 진보도 없습니다. 그리고 진보가 없을 때 거기에는 정체와 혼란, 무질서, 쇠퇴가 있습니다.

반면에, 불확실성은 순수 창조성과 자유의 비옥한 토양입니다. 불확실성이란 우리가 삶의 매 순간 알려지지 않은 것 속으로 들어가는 것을 의미합니다. 알려지지 않은 것은 언제나 신선하고, 언제나 새롭고, 새로운 창조에 늘 열려 있는 모든 가능성의 장입니다. 알려지지 않은 것과 불확실성이 없을 때, 삶은 그저 낡은 기억들의 진부한 반복일 뿐입니다. 우리는 과거의 먹잇감이 되며, 오늘 우리를 괴롭히는 것은 어제의 잔재인 우리의 자아입니다.

알려진 것에 대한 집착을 포기하고 알려지지 않은 것 속으로 들어갈 때, 우리는 모든 가능성의 장으로 들어갑니다. 알려지지 않은 것 속으로 기꺼이 들어가면 그 안에 있는 불확실성의 지혜를 얻게 됩니다. 그러면 신나는 흥분과 모험, 신비가 삶의 모든 순간에 깃들게 될 것입니다. 우리는 삶의 즐거움을 경험할 것이며, 영혼의 환희와 기쁨, 신비와 유희를 누릴 것입니다.

날마다 우리는 모든 가능성의 장에서 흥분되고 신나는 일이 일어나기를 기대할 수 있습니다. 불확실성을 경험할 때 우리는 올바른 길 위에 있습니다. 그러니 그것을 포기하지 마십시오. 다음 주 혹은 내년에 자신이 무슨 일을 하고 있을지에 대해 상세한 계획을 세우고 완고히 고집할 필요가 없습니다. 미래에 일어날 일들에 대한 명백한 계획을 가지고 있으면 거기에 완고하게 집착하게 되며, 그러면 가능성들의 범위를 한정시켜 버리기 때문입니다.

모든 가능성의 장은 무한한 상호 관련성이라는 특징이 있습니다. 그 장은 의도된 결과를 낳기 위하여 시공간에서 일어나는 무한한 사건들을 조율할 수 있습니다. 하지만 우리가 어떤 결과에 집착하면, 우리의 의도는 고정된 마음의 틀 속에 갇히게 되고 우리는 그 장에 내재해 있는 유연성과 창조성, 자발성을 잃어버립니다. 우리의 소망도 그 한없는 유동성과 유연성을 잃고서, 창조의 전체 과정을 방해하는 단단한 틀 속에 고정되어 버립니다.

초연의 법칙은 의도와 소망의 법칙이나 목표 설정을 방해하지 않습니다. 우리는 여전히 어떤 방향으로 갈 의도를 가지고 있으며, 여전히 목표를 가지고 있습니다. 하지만 A 지점과 B 지점 사이에는 무한한 가능성이 있습니다. 그 가능성들 안에 내재된 불확실성을 받아들인다면, 우리는 더 높은 이상을 발견하거나 더 신나는 것을 발견할 때면 언제라도 방향을 바꿀 수 있습니다. 또한 문제들을 억지로 해결하려 애쓰지 않으며, 새로운 기회들에 더 깨어 있게 됩니다.

초연의 법칙은 진보의 전체 과정을 가속화합니다. 이 법칙을 이해하면 문제들을 억지로 해결해야 할 필요를 느끼지 않게 됩니다. 문제들을 억지로 해결하려 하면 오히려 새로운 문제들이 생깁니다. 하지만 불확실성에 관심을 두고 있으면, 그리고 혼돈과 혼란으로부터 저절로 해결책이 나오기를 기다리며 불확실성을 지켜보고 있으면, 아주 멋지고 신나는 어떤 것이 나오게 될 것입니다.

불확실성의 장 안에서, 현재 안에서 방심하지 않고 준비되어 있으면, 이 깨어 있는 상태는 우리의 목표와 의도를 만나며 우리가 기회를 붙잡도록 해 줍니다. 기회란 무엇일까요? 기회는 우리가 살면서 마주치는 모든 문제 안에 담겨 있습니다. 살면서 마주치는 모든 문제는 더 큰 혜택을 위한 기회의 씨앗입니다. 이 점을 알아차리면 우리는 모든 범위의 가능성에 열리게 되며, 그러면 신비와 경이, 흥분, 모험이 생생히 살아 있게 됩니다.

우리는 살면서 마주치는 모든 문제를 더 큰 혜택을 위한 기회로 바라볼 수 있습니다. 불확실성의 지혜에 자리 잡음으로써 기회들에 깨어 있을 수 있습니다. 이처럼 준비되어 있는 상태에서 기회를 만나면 해결책은 자연히 나타날 것입니다.

그렇게 나오는 것을 우리는 흔히 '행운'이라고 부릅니다. 행운은 준비됨과 기회의 만남에 다름 아닙니다. 혼돈에 대한 깨어 있는 지켜봄이 이 둘과 만나 합쳐질 때 해결책이 나오며, 이 해결책은 우리 자신과 주변 사람들이 더욱 진보하도록 도울 것입니다. 이것이 성공의 완벽한 비결이며, 그 바탕은 초연의 법칙입니다.

초연의 법칙을 적용하기

나는 아래의 단계들을 실천하여
초연의 법칙이 효과를 발휘하도록 하겠다.

1. 오늘 나는 초연하기로 다짐할 것이다. 나는 나 자신과 주변 사람들이 자기 자신으로 존재할 자유를 줄 것이다. 나는 어떤 것들이 어떠해야 한다는 내 생각을 완고하게 강요하지 않을 것이다. 억지로 문제들을 해결하려 하지 않을 것이며, 그리하여 새로운 문제들을 만들지 않을 것이다. 모든 일에 참여하되 초연할 것이다.

2. 오늘 나는 불확실성을 내 경험의 본질적인 요소로 인

정할 것이다. 불확실성을 기꺼이 받아들일 때 그 문제로부터, 혼란과 무질서와 혼돈으로부터 해결책이 저절로 나올 것이다. 상황이 더 많이 불확실해 보일수록, 나는 더 많이 안전하다고 느낄 것이다. 불확실성은 자유로 가는 길이기 때문이다. 불확실성의 지혜를 통해서 안전을 발견할 것이다.

3. 나는 모든 가능성의 장으로 들어갈 것이며, 선택들의 무한함에 열려 있을 때 일어날 흥분을 기대할 것이다. 모든 가능성의 장으로 들어갈 때, 나는 삶의 모든 즐거움과 모험, 마법과 신비를 경험할 것이다.

Chapter_7

다르마의 법칙
(삶의 목적의 법칙)

The Law of Dharma or Purpose in Life

모든 사람은 삶의 목적을 가지고 있습니다.
그것은 다른 사람들과 나누어야 하는
독특한 재능이나 특별한 소질입니다.

이 독특한 재능을 사용하여
다른 사람들에게 봉사할 때, 우리는
모든 목표의 궁극적인 목표인,
영혼의 희열과 환희를 경험합니다.

일할 때 당신은
가슴을 통해
시간의 속삭임이 음악으로 연주되는
피리가 됩니다.

사랑으로 일한다는 것은 무엇일까요?
그것은 연인에게 입힐 옷을 짓기 위해
가슴에서 자아낸 실들로
옷감을 짜는 것과 같습니다.

−칼릴 지브란,《예언자》중에서

성공을 부르는 일곱 번째 법칙은 다르마의 법칙입니다. 다르마는 '삶의 목적'을 의미하는 산스크리트 단어입니다. 다르마의 법칙에 따르면, 우리는 어떤 목적을 이루기 위해 신체라는 물질적인 형상을 입었다고 합니다. 순수 잠재력의 장은 본질적으로 신성이며, 신성은 어떤 목적을 이루기 위해 인간의 형상을 취합니다.

이 법칙에 따르면, 우리 각자는 독특한 재능과 그 재능을 표현하는 독특한 방식을 지니고 있습니다. 저마다 온 세상의 어느 누구보다 더 잘할 수 있는 무언가가 있는 것입니다. 그리고 모든 독특한 재능과 그 재능의 독특한 표현을 위한 독특한 필요들이 있습니다. 이 필요들이 재능의 창조적인 표현과 잘 들어맞을 때, 그것은 풍요를 창조하는 불꽃이 됩니다. 필요들을 충족시키기 위한 재능의 표현이 무한한 풍요와 부유함을 창조하는 것입니다.

자녀들이 어릴 때부터 이런 생각을 갖도록 가르친다면, 그들의 삶에 어떤 영향을 미치는지 알게 될 것입니다. 사실, 나는 내 자녀들을 이렇게 가르쳤습니다. 그 아이들이 여기에 있는 나름의 이유가 있으며, 그 이유가 무엇인지는 스스로 찾아야 한다고 반복해서 얘기했습니다. 네 살 때부터 그렇게 가르쳤고, 역시 그 즈음에 명상하는 법을 가르쳤습니다. 그리고 이렇게 얘기했습니다.

"나는 너희가 생계 문제로 걱정하기를 결코 원치 않는다. 너희가 어른이 되어 스스로 생계 문제를 해결하지 못하면 내가 도와 줄 테니 그 문제로 걱정하지 말거라. 학교에서 좋은 성적을 받기 위해 애쓰는 것도 원하지 않는다. 우등생이 되거나 좋은 대학에 가는 데만 집중하지 말기 바란다. 내가 진정으로 원하는 것은 너희가 어떻게 인류에게 봉사할 수 있는지, 너희의 독특한 재능이 무엇인지를 스스로 찾는 데 집중하는 거야. 너희는 다른 누구도 갖지 않은 독특한 재능과 그 재능을 표현하는 특별한 방식을 지니고 있으니까."

아이들은 결국 좋은 학교에 갔고, 우등생이 되었고, 대학에서도 좋은 성적을 냈고, 경제적으로도 저마다 나름의 방식으로 독립했습니다. 왜냐하면 그 아이들은 사람들에게 무엇을 베풀어야 할지에 관심을 기울이고 있기 때문입니다. 이것이 다르마의 법칙입니다.

* * *

다르마의 법칙에는 세 가지 요소가 있습니다. 첫째 요소에 따르면, 우리는 저마다 자신의 진정한 참나를 발견하기 위해 여기에 있습니다. 우리의 진정한 참나는 영적이며, 우리는 본질적으로 육체적인 형상을 입은 영적인 존재임을 발견하기 위해 여기에 있다는 것입니다. 우리는 가끔 영적인 경험을 하는 인간 존재가 아닙니다. 반대로, 우리는 가끔씩 인간의 경험을 하는 영적인 존재입니다.

우리 각자는 높은 차원의 자신, 즉 우리의 영적인 자신을 발견하기 위해 여기에 있습니다. 그것이 다르마의 법칙에서 첫 번째 성취입니다. 우리는 우리의 신성을 표현하기 위해 태어나기를 원하는 신이 우리 내면에 싹 트고 있음을 스스로 발견해야 합니다.

다르마의 법칙의 둘째 요소는 우리의 독특한 재능을 표현하는 것입니다. 다르마의 법칙에 따르면, 모든 인간은 저마다 독특한 재능을 가지고 있습니다. 당신은 독특하게 표현되는 재능을 지니고 있는데, 그 재능은 너무나 독특하여 이 지구에 살고 있는 다른 누구도 그런 재능이나 그 재능의 표현 방식을 가지고 있지 않습니다. 이는 이 지구 전체에 있는 다른 누구보다도 당신이 더 잘할 수 있는 한 가지가 있으며, 더 잘할 수 있는 한 가지 방식이 있다는 뜻입니다. 그 한 가지를 하고 있을 때 당신은 시간마저 잊어버립니다. 당신이 가진 그 하나 혹은 하나 이상의 독특한 재능을 표현하고 있을 때, 그 재능의 표현은 당신을 시간이 없는 영원한 자각 속으로 데려갑니다.

다르마의 법칙의 세 번째 요소는 인류에 대한 봉사입니

다. "내가 어떻게 도울 수 있을까? 내가 만나는 모든 사람을 어떻게 도울 수 있을까?" 하고 스스로 물어보는 것입니다. 독특한 재능을 표현하는 능력이 인류에 대한 봉사와 결합되면, 다르마의 법칙을 충분히 사용하게 됩니다. 더욱이 그것이 자기 영성의 경험, 순수 잠재력의 장과의 경험과 결합되면, 무한한 풍요에 자연히 다가가게 됩니다. 풍요로움이 성취되는 진정한 길은 그것이기 때문입니다.

이것은 일시적인 풍요가 아니라 영구적인 풍요입니다. "그것이 내게 어떤 이익이 되지?"라고 묻는 대신에 "내가 어떻게 도울 수 있지?"라고 물음으로써 자신의 독특한 재능, 독특한 표현 방식, 그리고 인류에 대한 봉사와 헌신을 발견했기 때문입니다.

"그것이 내게 어떤 이익이 되지?"라는 질문은 에고의 물음입니다. "내가 어떻게 도울 수 있지?"라는 질문은 영의 물음입니다. 영은 곧 우리가 자신의 보편성을 경험하는 자각의 영역입니다. 우리의 물음을 "그것이 내게 어떤 이익이 되지?"에서 "내가 어떻게 도울 수 있지?"로 바꾸기만 해도, 우리는 저절로 에고를 넘어 영의 영역으로 들어갑니다다. 영의 영역으로 들어가는 데 가장 좋은 길은 명상이지만, 질문을 "내가 어떻게 도울 수 있지?"로 바꾸기만 해도 영에 다가가게 되며, 자각의 영역인 영 안에서 우리는 자신의 보편성을 경험할 수 있습니다.

다르마의 법칙을 최대한 사용하려 한다면 몇 가지 결심을 해야 합니다.

첫 번째 결심은 "나는 명상을 통해 에고의 너머에 있는 높은 차원의 자신을 찾을 것이다."입니다.

두 번째 결심은 "나는 내 독특한 재능들을 발견할 것이며, 내 독특한 재능들을 찾아서 나 자신을 즐길 것이다. 시간이 없는 영원한 자각 속으로 들어가면 저절로 즐기게 되기 때문이다. 그때 나는 희열의 상태에 있다."입니다.

세 번째 결심은 "나는 내가 인류에 가장 잘 봉사할 수 있는 길이 무엇인지 스스로 물어볼 것이다. 나는 그 질문에 답한 뒤, 그것을 실천에 옮길 것이다. 나의 독특한 재능들을 인류에 봉사하는 데 사용할 것이다. 사람들을 돕고 봉사하려는 내 소망이 인류의 필요와 연결되도록 할 것이다."입니다.

자리에 앉아서 다음 두 가지 질문에 대한 대답을 적어 보십시오.

첫 번째 질문은 "만일 돈이 문제가 되지 않는다면, 그리고 필요한 모든 시간과 돈을 가지고 있다면, 나는 무엇을 할까?"입니다. 지금 하고 있는 일을 계속할 것이라는 대답이 나온다면, 당신은 다르마 안에 있습니다. 지금 하는 일에 열정을 갖고 있으며, 자신의 독특한 재능을 표현하고 있기 때문입니다.

다음에는 "내가 인류에 가장 잘 봉사할 수 있는 길은 무엇일까?"라고 묻습니다. 질문에 답하고 실천에 옮겨 보십시오.

자신의 신성을 발견하고 독특한 재능을 찾아서, 그것으로 인류에게 봉사해 보십시오. 그러면 당신이 원하는 모든 부유함을 창조할 수 있습니다. 당신의 창조적인 표현들이 다른 사람들의 필요와 들어맞을 때, 드러나지 않은 것으로부터 드러난 것으로, 영의 영역에서 형상의 세계로, 부유함이 자연스럽게 흐를 것입니다. 자신의 삶을 신성의 경이로운 표현으로 경험하게 될 것입니다. 가끔 하는 것이 아니라 언제나 경험하게 됩니다. 그리고 성공의 참된 의미와 참된 기쁨을, 당신 영의 희열과 환희를 알게 될 것입니다.

다르마의 법칙을 적용하기

나는 아래의 단계들을 실천하여
다르마의 법칙이 효과를 발휘하도록 하겠다.

1. 오늘 나는 영혼 깊은 곳에 있는 신성을 사랑으로 돌볼 것이다. 내 몸과 마음에 생기를 불어넣는 내 안의 영에 관심을 기울일 것이다. 내 가슴속의 이 깊은 고요를 자각할 것이다. 시간에 매인 경험의 한가운데에 있는 영원한 존재, 시간을 초월한 의식을 지닐 것이다.

2. 나의 독특한 재능들을 찾아 목록을 만들 것이다. 그리고 내 독특한 재능들을 표현하면서 하고 싶은 모든 일의 목

록을 만들 것이다. 내 독특한 재능들을 표현하고 그 재능들을 이용하여 인류에 봉사할 때, 나는 시간을 잊고서 나와 다른 사람들의 삶에 풍요로움을 창조할 것이다.

3. 날마다 나 자신에게 물을 것이다. "내가 어떻게 봉사할까?", "내가 어떻게 도울 수 있을까?" 이 질문들에 대한 답을 통해 나는 사람들을 사랑으로 돕고 섬길 것이다.

요약과 결론

나는 신의 생각을 알고 싶다.
나머지는 지엽적인 것들이다.

－앨버트 아인슈타인

우주적인 마음은 수십 억 개의 은하계에서 일어나고 있는 모든 일을 대단한 정밀함과 확고한 지성으로 연출합니다. 그 최고의 궁극적인 지성은 가장 작은 것에서 가장 큰 것에 이르기까지, 원자에서 우주에 이르기까지, 존재의 모든 곳에 퍼져 있습니다. 살아 있는 모든 것은 이 지성의 표현입니다. 그리고 이 지성은 일곱 가지 영적 법칙을 통해 작용합니다.

인체의 어느 한 세포만 들여다보아도 이 법칙들이 그 세포의 기능을 통해 표현되는 것을 볼 수 있습니다. 위장 세포든 심장 세포든 뇌 세포든 모든 세포는 순수 잠재력의 법칙 안에서 태어납니다. 디엔에이(DNA)는 순수 잠재력의 완벽한 예입니다. 사실, 그것은 순수 잠재력의 물질적인 표현입니다. 동일한 디엔에이라도 각각의 세포 안에 있는 디엔에이는 그 특정한 세포의 독특한 필요를 채우기 위해 다양한 방식들로 그 자체를 표현합니다.

모든 세포는 또한 베풂의 법칙을 통해서 작용합니다. 세포는 조화와 균형의 상태에 있을 때 건강하게 살아 있습니다. 균형의 상태는 충족과 조화의 상태이지만, 지속적인 주고받음에 의해 유지됩니다. 각각의 세포는 다른 모든 세포에게 뭔가를 베풀고 도우며, 동시에 다른 모든 세포에게 자양분을 받습니다. 세포는 언제나 역동적으로 흐르는 상태에 있으며, 그 흐름은 결코 방해받지 않습니다. 사실은 그 흐름이 바로 세포의 삶의 본질입니다. 베풂이라는 이 흐름을 유지해야만 세포는 받을 수 있으며 활기차게 계속 존재할 수 있습니다.

까르마의 법칙은 모든 세포에 의해 절묘하게 실행됩니다. 일어나는 모든 상황에 대해 가장 알맞고 정확한 반응이 그 지성 안에서 이루어지기 때문입니다.

최소 노력의 법칙도 몸 안의 모든 세포에 의해 절묘하게 실행됩니다. 모든 세포는 편안하면서도 상황을 알아차리는 상태에서 조용히 효율적으로 일을 합니다.

의도와 소망의 법칙을 통해, 모든 세포의 모든 의도는 자연의 지성이 갖는 무한한 조직력을 이용합니다. 심지어 설탕 한 분자를 신진대사시키려는 단순한 의도만 있어도 몸 안에서 일어나는 모든 사건들이 조율되어, 이 설탕 분자를 순수한 창조 에너지로 전환시키기 위해 정확한 순간에 정확한 양의 호르몬이 분비됩니다.

모든 세포는 당연히 초연의 법칙도 표현합니다. 세포는 의도의 결과에 초연합니다. 의도와 다른 결과가 나온다고 해서 당황하거나 의기소침해지지 않습니다. 왜냐하면 삶에 중심을 둔, 지금 이 순간의 자각이 세포의 기능을 행하기 때문입니다.

각각의 세포는 다르마의 법칙도 표현합니다. 각각의 세

포는 그 자체의 근원인 차원 높은 자신을 발견해야 합니다. 다른 세포들에게 봉사해야 하고, 자기의 독특한 재능을 표현해야 합니다. 심장 세포든 위장 세포든 면역 세포든 모든 세포의 근원은 차원 높은 자신, 즉 순수 잠재력의 장 안에 있습니다. 세포들은 이 우주적인 컴퓨터와 직접 연결되어 있기 때문에 애씀이 없는 용이함과 시간을 초월한 자각으로 자기의 독특한 재능들을 표현할 수 있습니다. 그리고 자체의 독특한 재능들을 표현해야만 세포들은 자신과 온 몸을 온전히 유지할 수 있습니다. 인체 안에 있는 모든 세포의 물음은 "내가 어떻게 도울 수 있지?"입니다. 심장 세포는 면역 세포들을 돕기 원하고, 면역 세포는 위장과 허파 세포들을 돕기 원하고, 뇌 세포는 다른 모든 세포의 소리를 경청하며 돕고 있습니다. 인체의 모든 세포가 가진 단 하나의 기능은 다른 모든 세포를 돕는 것입니다.

우리 몸을 이루는 세포들의 행동을 관찰해 보면, 우리는 일곱 가지 영적 법칙들의 가장 비범하고 효율적인 표현을 목격할 수 있습니다. 이것은 자연의 지성이 가진 경이로운 재능이며, 신의 생각입니다. 나머지는 지엽적인 것들입니다.

* * *

　성공을 부르는 일곱 가지 영적 법칙은 자신을 다스릴 수 있게 해주는 강력한 원리들입니다. 이 법칙들에 관심을 두고서 책에 소개된 단계들을 실천한다면, 당신은 무엇이든 원하는 것을 실현시킬 수 있습니다. 당신이 원하는 모든 풍요로움과 돈, 성공을 얻을 수 있습니다. 당신의 삶은 모든 면에서 더욱 즐겁고 풍요로워질 것입니다. 이 법칙들은 또한 삶을 가치 있게 해주는 영적 법칙들이기 때문입니다.
　이 법칙들이 적용되는 자연스러운 차례가 있으며, 그 차례를 기억하면 도움이 될 것입니다. 순수 잠재력의 법칙은 침묵과 명상, 분별하지 않음, 자연과의 교감을 통해 경험됩니다. 하지만 그 법칙은 베풂의 법칙에 의해 활성화됩니다. 이 원리를 위해서는 당신이 얻고 싶은 것을 주는 법을 배워야 합니다. 그러면 순수 잠재력의 법칙이 활성화됩니다. 풍요를 얻고 싶다면 풍요를 주고, 돈을 얻고 싶다면 돈을 주십시오. 사랑과 인정, 애정을 얻고 싶다면, 사랑과 인정, 애정을 주는 법을 배우십시오.

베풂의 법칙을 실천하면 까르마의 법칙이 활성화됩니다. 그러면 좋은 까르마가 창조되고, 좋은 까르마는 삶의 모든 일이 쉽게 이루어지게 합니다. 소망을 이루기 위해 많은 노력을 들이지 않아도 됩니다. 그러면 자연히 최소 노력의 법칙을 이해하게 됩니다. 그렇게 모든 일이 애쓰지 않아도 쉽게 이루어지고 소망들이 계속 충족될 때면 자연히 의도와 소망의 법칙을 이해하게 됩니다. 애쓰지 않고 쉽게 소망들을 이루게 되면, 초연의 법칙을 쉽게 실천할 수 있게 됩니다.

마지막으로, 위의 모든 법칙을 이해하게 될 때 당신은 삶의 참된 목적에 집중하기 시작하며, 자연히 다르마의 법칙으로 인도됩니다. 이 법칙을 이용하여 당신의 독특한 재능을 표현하며 사람들의 필요를 채워 주면, 당신은 원하는 것은 무엇이나 원하는 때에 창조하기 시작합니다. 그러면 근심이 없고 즐겁게 살게 되며, 당신의 삶은 무한한 사랑의 표현이 됩니다.

＊　＊　＊

우리는 우주를 여행하는 여행자들입니다. 무한성의 회오리와 소용돌이 속에서 흩날리며 춤추는 우주의 먼지 같은 존재들입니다. 삶은 영원합니다. 하지만 삶의 표현들은 일시적이고 순간적이며 덧없이 변합니다. 불교의 창시자인 붓다는 이렇게 말했습니다.

우리의 존재는 가을날의 구름처럼 덧없이 변합니다.
존재들의 태어남과 죽음을 지켜보는 것은
춤사위를 바라보는 것과 같습니다.
사람의 일생은 하늘에서 번쩍 하는 번개의 섬광 같고,
가파른 산 밑으로 쇄도하는 급류처럼 급히 흘러갑니다.

우리는 서로 마주치고 만나고 사랑하고 나누기 위해 잠시 멈추었습니다. 이 시간은 귀중한 순간이지만 또한 일시적입니다. 영원 속의 짧은 막간극과 같습니다. 만일 우리가 보살핌과 편안한 마음과 사랑을 서로 나눈다면, 우리는 서로를 위해 풍요와 사랑을 창조할 것입니다. 그러면 이 순간은 가치가 있을 것입니다.